MATURIDADE PSICOLÓGICA

ANGELA MARIA LA SALA BATÀ

MATURIDADE PSICOLÓGICA

Tradução de
Maio Miranda

EDITORA PENSAMENTO
São Paulo

Título do original italiano:

MATURITÀ PSICOLOGICA

© by Angela Maria La Sala Batà

O primeiro número à esquerda indica a edição, ou reedição, desta obra. A primeira dezena à direita indica o ano em que esta edição, ou reedição foi publicada.

Edição	Ano
5-6-7-8-9-10-11-12-13	04-05-06-07-08-09-10

Direitos de tradução para a língua portuguesa
adquiridos com exclusividade pela
EDITORA PENSAMENTO-CULTRIX LTDA.
Rua Dr. Mário Vicente, 368 – 04270-000 – São Paulo, SP
Fone: 6166-9000 – Fax: 6166-9008
E-mail: pensamento@cultrix.com.br
http://www.pensamento-cultrix.com.br
que se reserva a propriedade literária desta tradução.

Impresso em nossas oficinais gráficas.

ÍNDICE

I	— O conceito de maturidade	7
II	— Causas de imaturidade que remontam à infância	19
III	— Imaturidade devida às diferenças tipológicas individuais	31
IV	— A maturidade afetiva	43
V	— A maturidade mental	53
VI	— A maturidade social	65
VII	— A maturidade moral	77
VIII	— A maturidade religiosa	87
IX	— As crises de maturação	97
X	— Rumo à maturidade e à integralidade	109

I
O CONCEITO DE MATURIDADE

Há sete séculos atrás dizia Dante Alighieri: "O homem é a mais nobre entre todas as coisas. Deus verteu nele mais da sua natureza do que sobre outras. Qualquer coisa que venha de Deus tende ao aperfeiçoamento do qual é capaz. A capacidade de aperfeiçoamento do homem é ilimitada." Jamais suas palavras pareceram tão verdadeiras e atuais como parecem hoje em que a ciência, a psicologia e a filosofia são unânimes em admitir que o ser humano está em contínua e incessante evolução e se dirige para uma meta bem definida: a auto-realização.

Esta auto-realização, seja ela chamada "individuação", como diz Jung, ou "despertar da alma", como dizem os espiritualistas, indica sempre a mesma realidade, ou seja, a descoberta do verdadeiro centro do nosso ser, da nossa verdadeira essência, do verdadeiro Homem, que os orientais chamam de o Ser.

Todavia, para alcançar esta meta, o homem deve passar por várias fases de desenvolvimento, deve crescer e progredir, deve, em outras palavras, "amadurecer psicologicamente", porque o Ser não pode revelar-se se o instrumento, a personalidade, não alcançou um certo grau de evolução e não está harmonizada em todas as suas partes.

Como diz Harry Overstrett: "O amadurecimento psicológico é o nosso mais vitorioso caminho de realização humana, porque nos dá permissão para utilizarmos todas as nossas faculdades e para nos expressarmos como "homens", no verdadeiro e mais elevado sentido da palavra". *(A mente madura.)*

No passado, sobretudo na Idade Média, pensava-se que a espiritualidade pudesse ser alcançada unicamente através do ascetismo e do misticismo e através da negação e da renúncia da vida da personalidade, portanto, havia uma atitude de profundo dualismo entre vida exterior e vida interior, entre homem e Deus.

Em vez disso, na época atual, vem sendo afirmada cada vez mais a necessidade imperiosa de expressar a espiritualidade também na vida exterior, para que possa haver "realização" e "concretação". Portanto, a personalidade não é mais negada e desprezada, mas sim considerada como um instrumento necessário à manifestação da energia e da qualidade do Ser, do verdadeiro Homem. Eis por que hoje se dá tanta ênfase à necessidade da formação psicológica do indivíduo, do seu desenvolvimento harmônico e da sua integração.

O caminho do amadurecimento psicológico, porém, não se desenrola de maneira fácil e simples para todos e, com mais freqüência do que se pode acreditar, acontece haver um desnível entre a maturidade física e a maturidade psíquica. Em outras palavras: a idade cronológica nem sempre corresponde à idade psicológica de um indivíduo, tanto que daí resulta o aparente paradoxo de que "o adulto nem sempre é adulto".

O conceito de maturidade psicológica entrou em uso um tanto recentemente, depois que Binot, após estudos e pesquisas feitos sobre a infância, descobriu que a idade mental da criança nem sempre corresponde à idade física que ela tem. Posteriormente, tal conceito foi-se estendendo também para os adultos. De fato, agora já não se pensa, como se pensava no passado, que a idade evolutiva vai do nascimento até os vinte e cinco anos aproximadamente, mas sim do nascimento até a morte. Na realidade, o homem está sempre em "idade evolutiva" e o seu crescimento interior é incessante.

Com muita razão diz Jung: "No adulto está escondida uma criança, uma criança eterna, em contínua formação, nunca perfeita, necessitada de vigilância e de educação. Eis aqui a parte da personalidade humana que deverá desenvolver-se integralmente." (De *"Il divenire della personalità".*)

Todavia, acontece, como já foi dito antes, que este crescimento interior não caminha lado a lado com o crescimento biológico, porque no homem existem contemporaneamente duas tendências; a tendência à adaptação, ao equilíbrio, à estagnação, e a tendência à evolução, ao progresso. Todo impulso para o crescimento (tanto biológico quanto psicológico) provoca um conflito entre estas duas tendências opostas, e esta é a razão por que todo o amadurecimento é precedido por uma crise. Com efeito, a crise é o conflito (do qual se pode ter ou não ter conhecimento) entre duas forças; aquela estática, da adaptação, e aquela dinâmica, do progresso. Isso acontece sempre, seja em sentido biológico, por causa da passagem de uma idade para outra (basta recordar a crise da adolescência e a da maturidade), seja em sentido psicológico, por causa do amadurecimento interior.

O homem tem necessidade de ambas estas forças, a do equilíbrio e a do progresso, mas deve saber usá-las de maneira sábia e esclarecida, alternando-as ritmicamente; mas isto é muito difícil, porque estas forças agem quase sempre de maneira inconsciente, e o conflito entre elas acontece abaixo dos níveis da consciência.

O impulso evolutivo, porém, é aquele que sempre acaba vencendo e é de tal modo forte e irresistível que o homem, mais cedo ou mais tarde, deve segui-lo, mesmo porque a oposição a tal impulso traz consigo conseqüências negativas e danos psíquicos de não pouca importância, que o indivíduo, para seu bem-estar e sua serenidade, deve necessariamente reparar.

Isto nos leva a pensar como é importante que cada um de nós tente analisar-se para perceber se a sua "idade psicológica" corresponde efetivamente a sua "idade cronológica".

Por certo não é fácil avaliar a própria maturidade psicológica, ainda mais porque não existem critérios estimativos bem definidos. Todavia, podemos afirmar que um dos sinais fundamentais que distinguem o homem maduro é que ele não é fixo, não é estático, mas continua a crescer, a desenvolver-se, a "caminhar para a frente" (como diz Theillard de Chardin) *qualquer que seja a sua idade.*

De fato, "uma pessoa madura não é uma pessoa que chegou a um certo grau de perfeição e se estabilizou. Ela é, preferivelmente, *uma pessoa em amadurecimento,* uma pessoa cujas ligações com a vida se tornam sempre cada vez mais fortes e mais ricas". (Harry Overstrett: "A mente madura", pag. 31.)

Portanto, não se pode definir a maturidade porque ela não é um ponto fixo, não é algo estático, mas é, antes de tudo, uma atitude interior, uma disposição de ânimo e de mente, seja para consigo mesmo seja para com a vida, é uma fermentação interior no sentido do desenvolvimento sempre cada vez mais amplo e abrangente, que torna o homem capaz de expressar as suas faculdades mais elevadas, de "centralizar-se" primeiramente no seu eu mais íntimo, em seguida de "descentralizar-se" sobre seus semelhantes e, finalmente, de "centralizar-se em" seu Deus.

"Centralizar-se", "descentralizar-se" e "centralizar-se em" são os três termos usados por Teilhard de Chardin para representar este processo de amadurecimento interior, que leva o homem à união de todas as partes que formam o seu todo.

Em um outro ponto do seu livro *A mente humana,* Harry Overstrett diz que um sinal inconfundível de maturidade é "a alegria de viver", porque "o progresso na direção da maturidade é o progresso na direção da felicidade". De fato, o homem pode dizer que é feliz quando pode utilizar todas as suas faculdades e "mergulhar o corpo e a alma na vida", no sentido mais elevado destas palavras.

A maturidade também poderia ser definida como o desenvolvimento completo e harmônico de todas as faculdades do homem e a capacidade de expressá-las na vida. . .

Por estas indicações pode-se compreender muito bem

como não é fácil avaliar a própria maturidade interior. Em vez disso, agora poderemos tentar descobrir se há, em nós, indicações de "imaturidade", isto é, se há aspectos da nossa personalidade que permaneceram "atrasados" ou "não desenvolvidos" com relação à nossa idade cronológica.

Neste ponto convém recordar, resumidamente, quais são os vários aspectos psíquicos da personalidade humana.

Como é óbvio, existe um "homem externo" e um "homem interno", o aspecto físico e o aspecto psíquico, o corpo e a consciência.

O homem interno, a consciência, os estados psíquicos, estão dispostos numa certa escala e se manifestam com funções diversas.

A psicologia tradicional distingue três funções psíquicas fundamentais:

    1) os instintos

    2) a afetividade

    3) a razão

Jung distingue quatro funções:

    1) a sensação

    2) o sentimento

    3) o pensamento

    4) a intuição

A psicologia espiritual distingue (naquilo que diz respeito à personalidade) três "massas" de energia psíquica, as quais chama de "corpos" ou "veículos", ou seja:

    1) corpo físico-etérico

    2) corpo emotivo ou astral

    3) corpo mental

A psicologia espiritual diz que a personalidade é apenas um instrumento do verdadeiro Eu, que é uma centelha divina. Conseqüentemente, ela admite a existência de estados psíquicos mais elevados, de estados de consciência mais interiores, que dizem respeito à vida do Eu Espiritual, ou Alma, e que também formam a essência dos corpos ou massas de energia. Todavia, faço apenas menção disso porquanto não se refere ao assunto que estamos tratando agora.

No indivíduo maduro todas as funções psíquicas da personalidade deverão estar harmonicamente desenvolvidas e ativas.

"A saúde mental e, muitas vezes, a saúde física, dependem de saber desenvolver a função negligenciada, de modo que a personalidade possa aproximar-se muito mais da sua completação...

A maioria das pessoas faz uso de apenas uma função; as personalidades mais complexas fazem uso de duas funções, e personalidades muito diferenciadas podem utilizar até três funções.

A inclusão da quarta função faz parte daquilo a que Jung chama "o processo de individuação". (Frieda Fordham: *Introdução a Jung.*)

Pode, portanto, existir uma imaturidade, ou um atraso do desenvolvimento, em apenas um dos aspectos psíquicos da personalidade, enquanto os outros estão normalmente desenvolvidos.

De fato, no que diz respeito às funções psíquicas os psicólogos distinguem várias idades, ou seja:

a) idade física
b) idade afetiva
c) idade mental

E depois ajuntam mais uma:

d) idade social

para indicar a capacidade do indivíduo maduro de estabelecer ligações harmônicas com o ambiente e com a sociedade.

A psicologia espiritual também fala de uma idade da Alma, pois que, segundo a doutrina da evolução espiritual do homem, a Alma, o Ser retorna infinitas vezes à terra a fim de progredir e evoluir através de múltiplas experiências de vida que pouco a pouco despertam e amplificam a consciência do homem. Ainda, para a psicologia espiritual, existem Almas mais jovens e Almas mais adultas.

Estas várias idades dos aspectos psíquicos do homem nem sempre estão todas no mesmo nível e com freqüência podem ser encontrados, em uma ou mais delas, atrasos do desenvolvimento, imaturidade, lacunas, que causam distúrbios, desequilíbrios e desarmonias de várias espécies.

Quais são as causas destes atrasos no desenvolvimento de um ou mais aspectos da personalidade de um indivíduo?

Podemos relacionar pelo menos duas causas:

1) Traumas, frustrações, conflitos que remontam à infância.
2) Desenvolvimento unilateral de uma ou mais das funções psíquicas, devido a uma diferença tipológica individual.

Na próxima lição examinaremos estas duas causas de imaturidade.

É necessário ter em mente, quando nos preparamos para fazer este estudo, que nenhum de nós ainda pode dizer que está completamente "maduro", pois todos estamos caminhando, ainda estamos em crescimento e ainda não alcançamos a verdadeira estatura de Homem. Todavia, esta constatação não deve desencorajar-nos, pois o saber-se ver com objetividade é um sinal de maturidade; ao passo que nos mostraríamos imaturos se tivéssemos uma visão alterada de nós mesmos.

A definição mais certa de maturidade talvez seja aquela que nos dá Michael Drury dizendo:

"Ouvi falar que a maturidade é o conhecimento, cada vez maior, de não sermos nem tão extraordinários e nem tão incapazes como antes acreditávamos.

Além disso significa saber conciliar aquilo que é com aquilo que poderá ser"... Porque, na realidade, "a maturidade não é uma meta, mas sim uma estrada".

II

CAUSAS DE IMATURIDADE QUE REMONTAM À INFÂNCIA

Aqui está uma imaturidade que pode ser definida como "infantilismo adulto" e que se manifesta com a tendência de querer resolver os vários problemas da vida usando meios infantis.

Este gênero de imaturidade está muito mais espalhado do que se acredita e são muitos os indivíduos que chegam à idade adulta, e até mesmo à velhice, sem perceber que têm muitas das suas qualidades "bloqueadas" num nível infantil.

Algumas vezes este "infantilismo" adulto não se revela abertamente, mas está oculto sob aspectos externos que não deixam, de modo algum, suspeitar uma imaturidade de caráter. Todavia, nos momentos de necessidade, de dificuldade, de emergência, o indivíduo imaturo se revela tal como é: um adulto que psiquicamente permaneceu criança e que tem reações infantis.

Neste ponto, ocorrem espontaneamente duas perguntas:

1) Como foi que aconteceu esta parada de desenvolvimento da personalidade na idade infantil?

2) Quais são as manifestações deste "infantilismo" adulto?

Para responder à primeira pergunta, devemos retornar ao conceito de "fixação", ou "conflito emotivo não solucionado", introduzido pela psicanálise, que Harry Overstrett expressa desta maneira:

"Em qualquer das vezes que, nos anos de formação da vida, um forte conflito emotivo fica sem solução, ele não desaparece, mas permanece como um elemento em supuração, que mais tarde tomará a forma de uma grave perturbação emotiva ou de uma dificuldade invencível nas ligações com a vida." (*A mente madura,* pag. 12.)

Em outras palavras, se uma criança sofre qualquer experiência impressionante, que para ela tem um profundo significado emotivo, e não chega a compreendê-la nem a superá-la e muito menos a conversar a respeito com os progenitores, ela a reprime no subconsciente, causando assim uma "fixação". Na verdade, repressão não significa superação, "porque um ser humano não pode superar um problema que para ele teve um profundo significado emotivo, sem que antes o tivesse enfrentado, sem que primeiro o tivesse compreendido, inserido na trama da sua própria existência e, se possível, resolvido completamente. De outro modo, em vez de superar o problema não solucionado — e com isso o seu poder nocivo — o indivíduo se detém no estágio de desenvolvimento no qual se encontrava quando se defrontou com o próprio problema". (Harry Overstrett: *A mente madura,* pag. 12.)

Os anos de formação da vida são muito importantes do ponto de vista psicológico, porque são aqueles nos quais são colocadas as bases do caráter futuro do indivíduo.

As primeiras manifestações afetivas da criança são muito precoces. Desde o primeiro dia de vida ela demonstra possuir uma emotividade muito ativa e reativa e uma vivíssima sensibilidade afetiva, podendo-se dizer, de fato, que a criança demonstra alegria, dor, cólera e medo a partir do instante em que acaba de nascer.

Ela precisa sentir-se segura, protegida, amada e desejada, tudo isso constituindo, para ela, uma necessidade profunda e imprescindível, que se não for satisfeita poderá provocar traumas, sofrimentos e conflitos.

O nascimento e o desmame já representam dois grandes traumas para a criança, porque, para ela, ambos significam uma "separação" da mãe. Em geral, qualquer mudança nos hábitos, qualquer desordem no ritmo ao qual a criança está acostumada, pode causar penosos abalos emotivos na delicada psique infantil, deixando-a desorientada e fazendo com que se sinta insegura e indefesa.

Se o desmame é precoce, por exemplo, além do sentimento comum de separação da mãe, já por si só bastante doloroso, também pode produzir, no ânimo da criança, um sentimento de *abandono* e de *rejeição*. A criança se sente "repelida afetivamente" e isto produz nela um conflito emotivo que talvez ainda não seja totalmente consciente, que não pode ser solucionado e por isso mesmo "reprimido" no insconsciente e, conseqüentemente, "fixado".

Mais tarde, no decorrer da vida, este "conflito não solucionado" fará sentir sua influência todas as vezes em que o indivíduo se encontrar em situação afetiva, e ele se sentirá continuamente "repelido", "rejeitado" e "abandonado", mesmo que nada, no comportamento das outras pessoas, justifique este seu sentimento penoso.

De modo geral, podemos dizer que podem sublevar-se, no ânimo da criança, conflitos emotivos, traumas e frustrações, todas as vezes em que uma das suas profundas necessidades afetivas não venha a ser satisfeita.

Por todas estas indicações pode-se compreender muito bem por que o estudo das primeiras manifestações da criança é importante para qualquer um que queira conhecer-se e conhecer bem os outros, uma vez que tal estudo fornece as bases para a compreensão do caráter e da psique do adulto.

Diz Ernest Jones: "As qualidades mais importantes do caráter dependem da maneira como os vários conflitos inconscientes são enfrentados nos primeiros anos de vida. Um grande número de traços do caráter, tais como a decisão, a timidez, a tenacidade, e assim por diante, foram reconhecidos como reações particulares nos confrontos destes conflitos." (*O que é a psicanálise,* pag. 41.)

Agora, para responder à segunda pergunta, ou seja, quais são as manifestações do "infantilismo adulto", eu preciso parar, mesmo que brevemente, para descrever as características psicológicas e o comportamento da criança, pois isso ajudará a compreender como e quando um adulto se comporta de maneira "imatura", utilizando meios infantis para resolver os seus vários problemas.

A criança é completamente destituída de inibições, é espontânea, instintiva, impulsiva. Manifesta-se tal como é, pois não tem freios e não tem autocontrole.

Ela é, também, amoral, irresponsável, emotiva em excesso e muitas vezes cruel.

É egocêntrica, pois só conhece a si mesma, mas isto já representa um ponto alcançado, de fato é o senso do eu como centro do mundo, é um desenvolvimento necessário para a consciência da criança, que antes se sentira completamente isolada do mundo circunstante (autismo).

Este egocentrismo leva-a a ser "captativa" nas afeições, isto é, inclina-se a "tomar" e não a "dar", a "ser amada" e não a "amar", a "ser protegida" e não a "proteger"....

Este comportamento afetivo é natural e compreensível na criança, que se sente fraca e indefesa e que também está sempre necessitada de se sentir cercada por uma segura barreira protetora.

Mais tarde também se desenvolverá nela a atitude "oblativa", isto é, o desejo de amar e de dar, e esta passagem assinala, conforme veremos mais adiante, o amadurecimento afetivo.

A criança vive no presente, pois possui uma visão fragmentada do tempo e do espaço.

Este "viver no presente" é típico da infância e é bem compreensível. O adulto, ao contrário, vive no futuro e a pessoa de idade muito avançada vive no passado.

Na verdade, no seu livro *As crianças são assim,* Guy Jacquin diz:

"A vida no presente é um estágio na vida de um indivíduo, um estágio correspondente a uma etapa de amadurecimento psíquico completamente diversa, por exemplo, daquela do adulto que vive no futuro. A passagem da orientação habitual, do espírito, do presente para o passado e depois para o futuro, caracteriza as grandes etapas da idade evolutiva (do nascimento até a maturidade), do

25

mesmo modo como a passagem inversa do futuro para o passado e depois para o presente caracteriza a etapa da vida involutiva (velhice)". (pag. 38.)

Além disso, a criança raciocina de maneira diferente daquela do adulto e muitas vezes parece ilógica e absurda.

Ela não tem um senso moral muito desenvolvido, mas tem um acentuado senso de justiça.

A sua imaginação é férvida e muitas vezes ela confunde fantasia e realidade.

Nela é acentuadíssima a curiosidade por tudo o que é novo, e é grande o desejo de conhecer e de saber.

Ela é cheia de entusiasmo e de atividade, de alegria de viver, de exuberância e de ardor.

Possui uma sensibilidade vivíssima, uma receptividade imensa, uma plasticidade acentuada e uma infinita capacidade de adaptação.

Seriam muitas as outras observações que poderiam ser feitas sobre o comportamento psicológico da criança, mas estas que enunciamos podem bastar para fazer compreender como tais manifestações são típicas de um ser que ainda está em formação, que está em contínua evolução e que ainda depende dos outros, tanto física quanto moralmente.

O adulto, ao contrário, é um ser que se pressupõe já tenha chegado a um certo grau de desenvolvimento e de formação, que lhe permite expressar suas faculdades, estabelecer ligações sadias com as outras pessoas e enfrentar a vida e seus problemas com equilíbrio e discernimento.

É verdade que também o adulto continua a evoluir, porque (como já dissemos) o progresso do homem é incessante e prossegue até a morte, mas é um progresso diferente daquele da criança, do adolescente e do jovem; é um progresso todo interior, intelectual e espiritual, um aprofundamento da consciência, uma síntese dos vários aspectos da personalidade, uma procura de valores mais altos e do verdadeiro significado da vida...

Ainda neste sentido, como diz Jung: "A metade da vida é um período de grande importância psicológica..." e "é o momento da máxima florescência".

Todavia, isto nem sempre acontece e são muitos os adultos que permanecem "ancorados" psiquicamente à infância pelas razões que já havíamos dado antes, e é em tais indivíduos que podemos reconhecer os sinais da imaturidade e do infantilismo adulto que já apontamos e que se manifestam na forma de atitudes e reações infantis nas várias circunstâncias da vida.

Esses, como as crianças, não têm senso de responsabilidade, são instáveis e egocêntricos, são destituídos de inibições e de senso moral, incapazes de ter afeições oblativas e maduras e estão sempre necessitados de apoio e de proteção.

São excessivamente sensíveis e, ao mesmo tempo, egoístas e incapazes de dar e compreender.

São incapazes de tomar uma decisão por si mesmos e muitas vezes raciocinam de maneira ilógica e absurda.

Em outras palavras, eles permaneceram "crianças" na psique e por isso não alcançaram aquele senso de equilíbrio, de sabedoria e de responsabilidade, que deveria caracterizar um indivíduo maduro.

Este infantilismo adulto não é uma coisa que se deva considerar levianamente, porque pode ser muito maléfico, não somente para a própria pessoa como também para os outros.

Harry Overstrett diz que "os membros mais perigosos da nossa sociedade são aqueles adultos caracterizados pela efetiva autoridade de adultos e por motivos e reações infantis".

De fato, um adulto pode ocupar um posto de direção, pode entrar em uma organização, pode ter autoridade sobre qualquer um, ser dotado de força física e ter qualidades e prerrogativas que a criança não tem. Por isso é fácil compreender como ele poderia fazer um mal imenso se agisse utilizando meios e com motivos imaturos.

Eis por que seria muito importante, para o bem-estar individual e coletivo, que todos os adultos sentissem a necessidade de conhecer bem a si mesmos e "educar-se" onde fosse preciso.

Este conceito da educabilidade dos adultos espalhou-se muito recentemente entre os estudiosos da psicologia, mas encontrou e continua encontrando respostas positivas, particularmente entre aquelas pessoas adultas que sentem fortemente a necessidade de "crescer" mais, pois se dão conta de que estão atoladas num ponto morto e necessitadas de amadurecer ulteriormente.

Muitos erros e, também, muitas infelicidades seriam evitadas se a pessoa adulta procurasse, com sinceridade e humildade, analisar-se para perceber se permaneceu nela alguma característica imatura e atrasada e depois trabalhasse para harmonizar-se e equilibrar-se.

Este é um trabalho que não somente é possível, mas é o mais importante da vida porque é aquele que pouco a pouco ajuda o ser humano a se tornar realmente o Homem completo em todos os seus aspectos, capaz de expressar todas as suas faculdades e pronto para manifestar aquela parte de si, mais elevada e mais verdadeira, que é o Eu total, o Ser Espiritual.

III

IMATURIDADE DEVIDA ÀS DIFERENÇAS TIPOLÓGICAS INDIVIDUAIS

Uma outra causa de imaturidade de um ou mais aspectos da psique é a diferença psicológica individual que existe entre os homens.

Esta diferença sempre foi constatada pelos estudiosos da psicologia, tanto que, ao lado da psicologia geral, surgiu também uma psicologia diferencial, que estuda as características particulares de um único indivíduo ou de grupos de indivíduos.

De que coisas derivam estas diferenças individuais?

Elas são inatas, já existem no indivíduo desde o nascimento, ou se formam pouco a pouco no decorrer da vida?

A psicologia atual diz que os fatores que contribuem para dar aos indivíduos os seus caracteres típicos, tanto são constitucionais quanto adquiridos no curso da vida.

Entre os fatores constitucionais podemos alistar:
   a) hereditariedade;
   b) glândulas endócrinas;
   c) diferença de sexo.

Entre os fatores adquiridos, ao contrário, podemos alistar:
   a) ambiente;
   b) educação;
   c) experiência de vida.

Todavia, a verdadeira causa das diferenças individuais não pode ser afirmada com certeza, e talvez seja verdade aquilo que diz a psicologia espiritual, que na Alma de cada indivíduo existe uma nota particular e inata, que ele deve fazer ressoar no decorrer da vida e que constitui a sua estrada de desenvolvimento e de expressão. Neste momento, porém, não podemos aprofundar este argumento, mesmo porque a personalidade deve estar integrada e harmonicamente desenvolvida, em todas as suas partes, antes que a Alma possa manifestar-se. Eis por que nos ocupamos das imaturidades que possam existir, por um motivo ou por outro, nos vários aspectos da psique e que possam impedir a formação da individualidade e a expressão livre das faculdades mais elevadas do homem.

Voltando agora ao assunto desta lição vemos que, quaisquer que sejam as causas das diferenças psicológicas individuais, estas existem e influenciam o desenvolvimento psíquico do homem, favorecendo, por um lado, o amadurecimento de algumas faculdades e de alguns aspectos, e impedindo, por outro lado, a manifestação de outras faculdades e de outros aspectos do indivíduo.

Na primeira lição vimos que os aspectos da psique do homem (ou funções, como são chamadas por Jung) podem ser reduzidos a apenas quatro, fundamentais, isto é:

    a) sensação
    b) sentimento
    c) pensamento
    d) intuição

ou

    a) instintos
    b) emoções

c) pensamento

d) intuição

Tais aspectos, que são justamente a causa das diferenças individuais, não estão, todos eles, igualmente desenvolvidos nos vários indivíduos, e muitas vezes acontece que apenas um deles está ativo e "diferenciado" a ponto de criar um *tipo psicológico* particular.

Assim surgiu a "tipologia", ou seja, as tentativas de reagrupar os indivíduos em categorias psicológicas, segundo a predominância de certas características e de certas qualidades.

Desde a antigüidade foram feitas tentativas semelhantes; basta recordar a muito conhecida tipologia de Hipócrates, baseada nas diferenças fisiológicas, que apresentava quatro temperamentos fundamentais, relacionados com os humores que se supunha prevalecessem num ou noutro caso.

Com o tempo tal tipologia tornou-se superada porque é demasiadamente simplista e imperfeita.

A tipologia mais conhecida (e a que encontrou maior aprovação porque está muito mais próxima da realidade) é aquela delineada por Jung, que estudou e aprofundou muito tal assunto.

Essa está baseada na orientação geral da personalidade, ou seja, na predominância da tendência à introversão ou da tendência à extroversão, mais do que no maior ou menor desenvolvimento das várias funções psíquicas.

Jung, portanto, delineia oito tipos psicológicos: quatro extrovertidos e quatro introvertidos, em cada um dos quais prevalece uma das quatro funções fundamentais:

1) sensorial extrovertido
2) de sentimento extrovertido
3) de pensamento extrovertido
4) intuitivo extovertido

1) sensorial introvertido
2) de sentimento introvertido
3) de pensamento introvertido
4) intuitivo introvertido

Pela lista acima mencionada parece claro que, mais do que a direção da corrente vital, seja no sentido do mundo objetivo ou seja no sentido do mundo subjetivo, a função mais desenvolvida é que cria o tipo psicológico.

A vida de um indivíduo, a sua atividade, as escolhas que faz, o seu modo de comportar-se, enfim, a sua maneira de ser, são todos coloridos e influenciados pela nota predominante do seu caráter que representa, para ele, o "caminho da menor resistência", o seu temperamento ou tipo particular.

Todavia, mesmo que no curso do caminho evolutivo esta preponderância de uma determinada função seja inevitável durante um certo período, isso representa uma limitação e uma incompletação porque deixa imaturas e reprimidas as outras funções psíquicas que são tão importantes e vitais quanto ela.

Na verdade, o homem possui, potencialmente, todas as funções psíquicas, todos os aspectos, e chega o momento em que deverá manifestá-los e desenvolvê-los.

Não devemos esquecer que as funções psíquicas não

são outra coisa senão "energia" e como tal são vivas e dinâmicas e, mesmo que ainda estejam em estado latente, mais cedo ou mais tarde elas fazem sentir sua presença e exigem uma forma de manifestação.

Com muita freqüência acontece que num determinado momento da vida o homem começa a sentir uma sensação de insatisfação e de vazio, e algumas vezes o seu mal-estar e a sua perturbação são de tal modo graves que podem levar a uma profunda crise de depressão ou, diretamente, a uma neurose. Isto acontece porque os aspectos da psique, que permaneceram em estado embrionário (ou "arcaicos", como diz Jung), insistem em manifestar-se e "integrar-se" na parte consciente da personalidade.

O desenvolvimento unilateral também pode ser muito útil por um certo período e pode levar a uma especialização em um determinado campo, ou segundo uma determinada linha de atividade, e pode até favorecer a coletividade. De fato, a sociedade requer indivíduos especializados e peritos nos vários setores da cultura e do trabalho.

Todavia, há muita verdade nas seguintes palavras de Jung, que diz: "A preferência dada à função mais beneficiada favorece essencialmente a coletividade: mas prejudica o indivíduo." (*Tipos psicológicos;* pag. 82.)

E isso acontece porque (ainda citando Jung): "Será mais do que fácil que no meio das funções negligenciadas estejam escondidos os valores individuais superiores que, mesmo tendo escassa importância para a vida coletiva, são do máximo valor para a vida individual e são, portanto, bens vitais que podem conferir a cada homem uma intensidade de beleza de vida que em vão ele espera da sua função coletiva. (*Idem,* pag. 82.)

Schiller também pressente a importância da harmonia psíquica e sente a necessidade dela; de fato, no seu sábio *Sobre a educação do homem,* ele diz: "E com o limitar a nossa atividade a uma esfera particular nós nos entregamos, dentro de nós mesmos, a um patrão que não raro acaba por oprimir as nossas outras disposições."

Este impulso para completar-se, integrar-se e harmonizar-se é, portanto, uma necessidade fundamental do homem e, na verdade, não pode haver serenidade, bem-estar e equilíbrio se o homem não atende, mais cedo ou mais tarde, a sua solicitação.

Todavia, também é verdade que cada homem tem o seu tipo psicológico particular, um temperamento seu, que é dado por um *quid* na realidade desconhecido e que o impele para um caminho particular de expressão.

Como se pode, pois, conciliar estas duas exigências que existem contemporaneamente no homem?

Como pode ele seguir o irresistível impulso da sua "nota" essencial, sem correr o risco de um desenvolvimento unilateral e de uma repressão dos outros aspectos vitais da sua personalidade, e como pode ele desenvolver-se, harmônica e integralmente, manifestando todas as funções psíquicas, sem sufocar o seu temperamento particular?

Este é um problema no qual retorna o eterno dualismo do homem, o conflito existente entre os opostos, a existência contemporânea de duas exigências, o alternar-se de dois movimentos que ele deve aprender a equilibrar e a fundir, confirmando assim a verdade, intuída pelas filosofias orientais, que a totalidade (o Tao) nasce da fusão de dois pólos opostos, do equilíbrio de duas forças contrárias, verdade que depois foi retomada e aceita por Jung.

De fato, em um ponto do seu livro *Psicologia e Alquimia,* ele diz: "O homem, como microcosmo que unifica em si os opostos do universo, corresponde assim ao símbolo irracional que unifica os opostos psicológicos."

O homem, portanto, mesmo não se opondo à influência da sua nota fundamental, que lhe dá qualidades, tendências e características diferentes daquelas dos outros indivíduos, e que o impele a manifestar principalmente uma das suas funções psíquicas, deve procurar não negligenciar e não reprimir os outros aspectos da sua personalidade, cultivando-os e expressando-os, ainda que apenas como qualidades de "segundo plano".

De fato, nós vemos que os homens mais representativos no curso do tempo são indivíduos completos e harmônicos, de grande abertura mental e de excepcional ecletismo, mesmo tendo a sua linha particular de expressão em um ou em outro campo (política, ciência, arte, literatura, etc.).

Não se pode falar de "homem maduro" se ele é unilateral, fechado em um único setor da vida e falho sob alguns aspectos.

Um homem pode ser um cientista, ou um político, ou um filósofo, mas nem por isso será destituído de sentimento, de sensibilidade para o belo, ou será fechado para a vida e para todos os seus aspectos.

Assim, um artista, para ser completo e maduro, também deve ser dotado da capacidade de querer e de pensar, e deve poder expressar os seus sentimentos e realizar a sua intuição.

Esta talvez possa parecer uma meta um pouco difícil de alcançar, e de fato é, mas isso não significa que seja impossível: ela representa, na realidade, o escopo mais verdadeiro e essencial do homem, aquele para cuja direção ele se encaminha, mesmo sem ter o menor conhecimento disso, e que também deverá realizar mais cedo ou mais tarde.

Uma prova disso é o fato de que, com o tempo, toda a unilateralidade excessiva, toda a incompletação traz (conforme já havíamos dito) mal-estar, perturbações e infelicidades que, felizmente, quase sempre são superadas por um impulso natural para a "compensação", que é inata no homem e que age como uma lei psicológica inalterável, mesmo que a custo de sacrificar, ainda que apenas temporariamente, a nota dominante do próprio temperamento.

Na verdade, Jung diz: "A compensação pode ser obtida por meio de uma *amputação* (sacrifício) da atitude unilateral anterior. Desse modo se produz uma acumulação temporária de energia a qual flui por canais que antes não eram utilizados conscientemente, mas que já estavam preparados de uma forma inconsciente.(*Tipos psicológicos,* pag. 83.)

Este processo de harmonização e de integração (ou de "psicossíntese", como diz o dr. Assagioli) leva a uma nova sensação de bem-estar, de vitalidade e a uma mudança completa na vida, pois freqüentemente acontece que surgem novos interesses, novas orientações, e que se manifesta inesperadamente uma "nota" nova, diferente daquela que antes coloria o próprio tipo psíquico, uma nota que tem qualquer coisa de mais completo, de mais espiritual, e que tem metas e fins diversos daqueles que o indivíduo tinha antes.

Também pode acontecer que a nova nota esteja em contraste total com aquela anterior, e o homem deverá iniciar uma vida nova, encaminhar-se para uma nova trilha onde poderá expressar o seu verdadeiro Eu, servindo-se de uma personalidade integrada e não apenas de uma única função predominante.

Aquilo que pode emergir da harmonização e da fusão dos vários aspectos da personalidade poderá ser uma surpresa, pois que "nós todos somos possuidores de um *quid* incalculável; não sabemos de que modo e em que direção se desenvolverá a personalidade 'em processo de formação'". (Jung: *O devenir da personalidade.*)

De qualquer maneira uma coisa é certa: qualquer que seja a nova nota que emergirá, qualquer que seja a nova direção para a qual o indivíduo se sentirá impelido uma vez que tenha harmonizado os vários aspectos da sua personalidade, ele finalmente se sentirá completo e feliz pois terá encontrado o *Tao*, isto é, a totalidade, e de fato "*Estar no Tao* significa conclusão, integralidade, vocação cumprida, princípio e meta, realização completa do senso de coexistir com todas as coisas. *A personalidade é Tao*". (Jung: *O devenir da personalidade.*)

IV

A MATURIDADE AFETIVA

A verdadeira maturidade afetiva é a mais difícil de ser alcançada porque envolve a superação do egoísmo e a obtenção da capacidade de "dar". De fato, a imaturidade afetiva é caracterizada sobretudo pelo comportamento "captativo" (*captare* - tomar) e a maturidade, ao contrário, pelo comportamento "oblativo" (*oblare* - oferecer). A criança é necessariamente captativa e egocêntrica porque tem necessidade de proteção, de cuidado e de afeto, mas o adulto deve ser capaz de dar, de oferecer felicidade e amor aos outros, de interessar-se ativamente pelo próximo e de estabelecer relacionamentos afetivos sólidos e duradouros.

Quando falta esta capacidade isto quer dizer que o indivíduo não está afetivamente maduro, mas, no que se refere a este assunto, permaneceu em um nível infantil, que é aquele do egocentrismo e do egoísmo.

As causas desta parada no desenvolvimento afetivo podem ser múltiplas e não é nossa tarefa investigá-las. Quem o desejar poderá consultar os numerosos livros de psicanálise com relação a este assunto.

Interessa-nos, acima de tudo, tratar de descrever quais são as manifestações de uma afetividade madura e harmônica.

Em primeiro lugar, é preciso dizer que a obtenção da maturidade afetiva representa um passo importante para o homem, porque, na realidade, ela lhe oferece a chave para resolver o problema central da vida humana, ou seja, o problema da solidão e da incomunicabilidade.

Podemos dizer, sem errar, que a razão fundamental da infelicidade humana é a angústia da solidão, pois o homem é, por natureza, feito para viver em sociedade, relacionado com seus semelhantes, e é levado, por uma força inata e instintiva, a superar a barreira do seu "eu" separado, para unir-se a qualquer um outro.

O drama do homem é aquele de ter o dever de desenvolver a sua individualidade, de alcançar a consciência do "eu" e, ao mesmo tempo, de poder sentir, justamente por meio deste seu "eu", a Unidade com os outros seres humanos. É um aparente conflito, um dualismo angustioso que só pode ser solucionado por meio do tempo. De fato, o amor faz superar a barreira do "eu" e cria as pontes para que seja possível alcançar os outros indivíduos e conhecê-los intimamente.

Acontece, porém, que é preciso entender bem o que se quer significar com a palavra "amor", pois que há graus, há infinitas interpretações e há, também, uma grande confusão.

É verdade que, conforme diz Maturin: "A idéia do amor... se eleva e se avilta segundo o caráter no qual se desenvolver." (*Da consciência e do governo do ser,* pag. 318). Contudo, uma coisa é certa; o amor, por ser uma faculdade potencialmente ínsita em todos os homens, é uma capacidade que deve ser desenvolvida e educada para que então possa manifestar-se em toda a sua plenitude e beleza.

"O amor é uma arte", diz Erich Fromm, pretendendo dizer com estas palavras que a conquista da capacidade de amar exige que tenha sido alcançado um certo grau evolutivo, a superação de certas atitudes erradas, o desenvolvimento de certos dotes de caráter e de inteligência.

O amor é um sentimento que, para poder manifestar-se de maneira madura, requer o desenvolvimento da personalidade inteira, de fato, "toda tentativa de amar está destinada a fracassar se não se procura desenvolver mais ativamente a própria personalidade". (Erich Fromm: *A arte de amar*, pag. 11.)

Isto quer dizer que a maturidade afetiva não é apenas uma manifestação sentimental, mas um conjunto de várias qualidades do qual não estão excluídas as mentais, volitivas e morais.

Nem todos sentem e compreendem esta profunda realidade do amor, seja porque talvez ainda não tenham superado o estágio da necessidade de ser amado, de possuir, de ter para si, ou seja porque se habituaram a considerar esta faculdade do homem unicamente sob o aspecto emotivo e sentimental.

Na realidade, o amor tem dois aspectos:
    a) um aspecto receptivo, passivo,
    b) um aspecto positivo, ativo.

Por meio do primeiro aspecto, que se pode chamar de "sensibilidade", nasce no homem a *empatia,* um termo colocado em uso recentemente pelos psicólogos para indicar a capacidade de identificar-se com os outros, de "sentir" os estados de ânimo dos outros como se fossem os seus próprios e, por isso mesmo, compreendê-los por conhecimento direto.

A empatia é muito mais do que a simpatia, porque é "identificação", portanto, compreensão plena e completa.

Ao contrário, por meio do segundo aspecto, o ativo, nasce *a capacidade de dar,* ou seja, a oblatividade.

Aquele que realmente sente o amor é capaz de "dar", e nesta oferta sente uma alegria profunda, um senso inexprimível de potência, de vitalidade e de completação.

Dar não significa "privar-se" de qualquer coisa, mas significa expandir-se, irradiar a própria energia, expressar a si mesmo, romper o muro de separação e de solidão que circunda os outros seres, vivificando-os com a força do próprio amor.

Que coisa alguém dá quando ama?

"Dá a si mesmo, aquilo que possui de mais precioso, dá uma parte da sua vida... dá a própria alegria, o seu próprio interesse, o próprio bom humor, a própria tristeza, todas as expressões e manifestações daquilo que possui de mais vital." (Erich Fromm: *A arte de amar,* pag. 38).

Além disso, ele dá a sua própria compreensão, o seu próprio afeto, a sua própria companhia, oferece proteção, consolação, calor, ternura...

Este dar é uma realização ativa e criativa porque não fica sem conseqüências, porém provoca uma reação análoga na outra pessoa e evoca a adormecida capacidade de amor que está latente em todos os indivíduos.

"O amor suscita amor." Na sua própria simplicidade, estas palavras escondem uma profunda verdade oculta.

O homem afetivamente maduro deve possuir seja a empatia, a capacidade de identificação, seja a faculdade de dar.

Naturalmente, antes de chegar a este elevado nível de maturidade afetiva, o homem passa através de vários estágios e desenvolve gradualmente a sua capacidade de amar.

Muitas experiências, mais ou menos dolorosas, acontecem ao homem antes que ele compreenda qual é a essência do verdadeiro amor. Ele deve aprender a superar o apego, a possessividade e o egoísmo, e isto não pode ser feito sem sacrifício e sem sofrimento.

"A verdade é que é preciso passar pelo heroísmo antes de chegar ao amor", afirma Bergson, e estas palavras não devem parecer exageradas pois expressam uma verdade profunda.

Contudo, a compreensão do quanto é difícil alcançar a maturidade afetiva não deve causar medo porque, como já dissemos, a maturidade vem por graus, quase sempre, de maneira espontânea e natural, à medida que o homem evolui e desenvolve a sua própria personalidade.

Não devemos esquecer, como já foi dito antes, que a capacidade de amar é uma faculdade potencialmente inata em todos os homens, é um impulso natural e espontâneo para a união, para a fusão, para a fraternidade, de tal modo forte que os psicólogos viram nele a manifestação do instinto gregário sublimado em afetividade, enquanto os espiritualistas, ao contrário, viram nele a expressão, em plano humano, do senso de Unidade e de Amor, inato na nossa Alma, que é o nosso verdadeiro Eu.

Portanto, mais cedo ou mais tarde, esta capacidade deverá manifestar-se em toda a sua plenitude e fluir sem obstáculos e sem limitações.

A natureza emotiva do homem (ou função do sentimento, como diz Jung), deve saber expressar este amor verdadeiro e oblativo tão logo tenha alcançado o nível da maturidade plena. Em vez disso, porém, freqüentemente acontece que ela serve apenas para manifestar sentimentos egoístas, estados emocionais inferiores e agitados, apego possessivo, e isto provém do fato de que agora o homem está identificado com o seu Eu pessoal e não superou o estágio do "infantilismo psíquico".

No seu livro já citado, *A mente madura,* Harry Overstrett diz que as palavras do Cristo: "Um novo mandamento eu vos dou, que vos ameis uns aos outros", não exprimem uma meta dificilmente atingível ou uma utopia idealística, porém expressam "a mais profunda e jamais vista intuição da natureza humana". Intuição que hoje encontra confirmação nas afirmações dos psicólogos mais atuais, que dizem que o homem está psicologicamente são se sabe expressar um amor altruístico pelos outros, se superou o egocentrismo e o narcisístico amor a si mesmo e se é capaz de "afirmar o próximo".

É isto que significa ser adulto, ter alcançado a maturidade afetiva no sentido mais verdadeiro e completo desta palavra.

O homem deve crescer e amadurecer não apenas fisicamente, mas também, e acima de tudo, psiquicamente, quando então terá a revelação de que a natureza humana contém em si as possibilidades mais elevadas. Em vez disso, porém, muitos indivíduos "se esforçam" irracionalmente para permanecer ancorados num nível imaturo e infantil, criando obstáculos e infelicidades para si mesmos.

Quando o homem se torna realmente adulto, isto é, quando todos os aspectos da sua personalidade estão amadurecidos e estão funcionando harmonicamente, então ele pode manifestar a sua verdadeira natureza, o seu verdadeiro Eu, que é aquele que, na realidade, possui a capacidade do amor verdadeiro, espontâneo e irradiante.

De fato, é preciso dizer que quando o homem expressa o seu lado espiritual, o amor que se manifesta é de natureza particular e inconfundível. A sua característica fundamental talvez seja aquela de fluir sem esforço, de expandir-se como uma luz dirigida para tudo e para todos.

Quem possui este amor espiritual o irradia mesmo inconscientemente, tanto que exteriormente pode comportar-se com frieza e indiferença, mas quem está ao seu lado sente que existe, no seu íntimo, alguma coisa que não pode ser escondida ou sufocada: existe o amor.

É este amor da Alma que Maeterlink chama de "a bondade invisível", justamente porque nasce no mais profundo de nós mesmos e se manifesta, inesperada e involuntariamente quando conseguimos elevar-nos, mesmo que apenas por um instante, acima das vibrações e revelar "o deus que está em nós".

Todos os místicos e filósofos iluminados intuíram esta natureza espiritual do amor. De fato, diz Bergson: "A força do amor que impulsiona, arrasta, conquista e transforma a humanidade por meio de poucos privilegiados, dá a estes o senso do triunfo."

E por que "o senso do triunfo"?

Porque eles sentem que venceram as limitações do eu egoístico, aprisionado na ilusão da separatividade, e que alcançaram a estatura do verdadeiro Homem libertado, que sente Amor e Unidade por e com todos os seres.

Este é, pois, o aspecto mais elevado do amor.

Talvez possamos sentir que agora estamos infinitamente distantes da sua realização, todavia, podemos começar a manifestar os seus aspectos mais humanos e mais ao alcance das nossas possibilidades, procurando superar o egoísmo, voltando-nos para os outros com um sentimento de cuidado, de responsabilidade e de compreensão, e procurando estabelecer ligações afetivas marcadas pela oblatividade madura.

Somente assim poderemos dizer que estamos "afetivamente amadurecidos" e somente assim poderemos dizer que estamos em condições de dar um passo a mais para a frente, em direção à revelação do amor da Alma.

V
A MATURIDADE MENTAL

Diz Schopenhauer: "Mesmo sem estar claramente consciente disso, a maior parte dos homens tem, no fundo do seu coração, aquela mais importante máxima e norma de vida, o propósito de afastar-se dos aborrecimentos com o menor emprego possível das idéias porque o pensar é sentido como peso e fadiga... O homem comum evita o esforço físico, mas ainda mais o esforço mental". (De *Parerga e Paralipomena.)*

Estas palavras expressam um fato real, pois é bem verdade que a grande maioria dos homens, mesmo sendo dotados de intelecto e da capacidade de pensar, abstém-se de usar plenamente tais faculdades seja por negligência ou por preguiça, ou por um apego à posição infantil de "dependência emotiva".

Este fato impede o homem de alcançar a maturidade mental completa, o desenvolvimento pleno dos seus poderes racionais e o uso eficiente, criativo e sábio do pensamento.

Os antigos gregos afirmavam que "o homem é um animal racional e o seu desenvolvimento pleno requer o uso da razão".

O que pretendiam significar com a palavra "razão"?

Pretendiam significar o "princípio ordenador", que surge da síntese de todas as faculdades intelectivas, e que dá ao homem a capacidade de usar a mente de uma forma justa e verdadeira.

Quando o homem possui a maturidade mental, ele também possui o poder da razão. Todavia, a maturidade mental, do mesmo modo que a afetiva (se bem que de maneira diferente) não é facilmente atingível, porém representa uma meta, uma conquista que envolve aplicação, exercício, desenvolvimento, superação e, acima de tudo, um propósito bem claro e definido.

Antes de prosseguirmos, seria útil fazer uma pequena pausa para tratar da palavra mente, a fim de esclarecer, para nós mesmos, o significado que damos a ela.

Com a palavra mente também queremos indicar o conjunto das faculdades intelectivas do homem, a função da personalidade que Jung chama de "pensamento" e que os psicólogos chamam de "intelecto".

A mente dá ao homem o poder de *pensar,* de *raciocinar* e, sobretudo, de *tomar conhecimento* daquilo que é percebido por meio dos sentidos, daquilo que acontece no campo subjetivo. Em outras palavras, a mente dá ao homem a faculdade de "ser consciente de si mesmo", isto é, de reconhecer-se como uma entidade autoconsciente, um "eu".

Esta é, na realidade, a profunda diferença que existe entre o animal e o homem, pois somente no reino humano é que a mente se torna capaz de formular um pensamento consciente e de fazer sentir a nossa individualidade como um "eu" ciente.

Se no homem não existisse a mente, com sua faculdade de pensamento, de raciocínio, de julgamento, ele viveria, como os animais, do instinto, das sensações, dos sentimentos mais ou menos vagos e de vislumbres de pensamento, sem todavia se dar conta do "por que" e do "como" dos seus impulsos, dos seus desejos, das suas sensações.

Segundo a teoria espiritualista, a mente é impedida de ser a "grande mediadora" entre o mundo da forma e o mundo do Espírito, porque ela é o único aspecto da personalidade que tem uma natureza dúplice, isto é, que pode ser usada para formular um pensamento concreto ou um pensamento abstrato, para conhecer o plano objetivo da vida exterior ou o plano subjetivo da vida do espírito.

Muitos filósofos, entre os quais São Tomás, Cartésio, Spinoza, Leibnitz e outros, num certo sentido também intuíram esta natureza dúplice da mente, afirmando que no intelecto existem duas faculdades: razão e inteligência, a primeira tendo um caráter intuitivo e a segunda discursivo...

Todavia, o homem, na grande maioria dos casos, não somente ignora esta realidade mas também se esconde dela, usando apenas a parte mais exterior da mente, desenvolvendo apenas o pensamento concreto, algumas vezes até mesmo de maneira extraordinária, criando assim como que uma cortina espessa que o impede de perceber as idéias intuitivas por meio do lado interior da sua mente, aquele lado voltado para o mundo espiritual.

De fato, A. A. Bailey diz: "É a natureza dualística da mente que produz a ilusão, pois a mente oferece ao homem as chaves do reino dos céus ou fecha, na cara dele, a porta que poderia admiti-lo no mundo da realidade espiritual. A mente concreta é a causa de muitos males para a humanidade."

Portanto, a mente é um grande dom para o homem, mas também pode transformar-se num grande obstáculo se não é usada de maneira correta e se não é completamente desenvolvida, tanto em sentido concreto quanto em sentido abstrato.

Voltando agora ao assunto desta lição vemos que a maturidade mental, portanto, envolve sobretudo a conquista de duas coisas:

A) o aprender a pensar,
B) o uso correto e sábio do pensamento.

O homem, de fato, antes de se tornar mentalmente "maduro", deve aprender a pensar, no mais verdadeiro e justo sentido da palavra.

Às vezes acontece que acreditamos que "pensamos", mas na realidade a nossa mente está mergulhada num estado confuso e caótico, no qual se alternam imagens, recordações, sensações, pedaços de pensamentos... Além disso, somos passivos, isto é, somos influenciáveis e sugestionáveis e acolhemos, na nossa mente, idéias, opiniões e pensamentos que não são criados em nós, mas que provêm do ambiente, das outras pessoas, dos estímulos que nos atingem mesmo sem que tenhamos percepção disso.

Para pensar de maneira real quase sempre é preciso que haja um ato de vontade e de concentração, porque é necessário libertar a mente das sensações externas, das influências emotivas e instintivas, das imagens e dos pensamentos provenientes da mente dos outros e, portanto, evocar o próprio poder intelectivo e formular uma série de raciocínios associados entre si de maneira clara, lógica, objetiva e ordenada.

Os verdadeiros pensadores são raros, mas o homem comum em geral flutua entre a polaridade emotiva e a polaridade mental e é quase sempre impedido e perturbado pelo conflito entre as tendências emotivas e a razão.

Nós raramente usamos o verdadeiro "pensamento" e isto se tornará evidente se começarmos a observar e a analisar o funcionamento da nossa mente durante os vários momentos do dia e se procurarmos ver qual a parte que se encarrega de "pensar" na nossa vida cotidiana. É quase certo que vamos descobrir que, se nos abandonamos à espontaneidade, o nosso estado de consciência habitual é uma condição interna nebulosa, que oscila entre a emotividade e o pensamento e que muda continuamente ante qualquer estímulo, por menor que seja, ante qualquer sensação que venha do exterior, e somente num ou noutro momento é que este estado de nebulosidade é atravessado por qualquer clarão de pensamento genuíno, de limpidez intelectual, quando qualquer problema exige de nós uma solução ou quando qualquer coisa nos atinge particularmente e desperta a nossa atenção mental.

Naturalmente há vários graus de desenvolvimento mental e muitas diferenças. Há indivíduos que usam mais a mente e há indivíduos que a usam menos; geralmente, porém, o uso é limitado e insuficiente, de fato, como diz William James: "Ao contrário daquilo que deveríamos ser, nós vivemos apenas meio acordados, usamos apenas uma parte dos nossos recursos mentais."

Portanto, o primeiro passo em direção à maturidade mental é *aprender a pensar usando mais a mente*. A faculdade de pensar se desenvolve com o exercício e com o uso da mente. Não há outro meio.

O segundo passo é saber usar a faculdade do pensamento, uma vez que ela tenha sido evocada de maneira correta e justa.

De fato, já havíamos dito que a mente "pode abrir as portas do céu para o homem", isto é, pode oferecer-lhe os meios para conhecer a verdade e interpretá-la, mas também pode, com seus erros e defeitos tornar-se o seu obstáculo.

Quais são estes erros e defeitos da mente?

O primeiro defeito mental é a tendência à cristalização, ou seja, a falta de elasticidade, de ductilidade mental, e por causa dele o homem se apega às suas próprias idéias, às suas próprias convicções, e se fecha no limitado círculo formado por elas, sem ser capaz de superá-lo e ampliá-lo toda a vez que entra em contato com novas verdades.

Uma mente realmente madura deve estar aberta para todas as idéias novas, deve ser capaz de um aprofundamento contínuo, deve mostrar-se sedenta de novos conhecimentos e desejosa de ampliar cada vez mais o seu campo de pesquisa. Deve ser capaz de examinar objetivamente e de entender as opiniões e as convicções dos outros, as idéias novas em qualquer campo...

Em vez disso, porém, freqüentemente acontece que se formam, na mente, preconceitos, as idéias cristalizadas, aquelas que Bacon chama de "ídolos", que são um obstáculo para a atividade livre do pensamento e impedem a pesquisa e o aprofundamento no campo do conhecimento.

Um outro defeito da mente é a presunção (ou senso de superioridade) que nasce do fato, quase inevitável, de que com o desenvolvimento do intelecto vêm acentuar-se o senso do eu pessoal e a auto-afirmação.

O senso de superioridade também gera o criticismo e a separatividade, defeitos estes também dos tipos mentais.

O homem, portanto, encontra-se diante do problema de ter o dever de desenvolver a mente e a faculdade de pensar, e ao mesmo tempo de evitar os defeitos e os erros conseqüentes a tal desenvolvimento.

Este problema, porém, não é insolúvel porque (como diz Bacon), *a mente possui, potencialmente, a faculdade de corrigir os seus erros.*

E isso pode acontecer porque, como já foi dito antes, a mente tem uma natureza dúplice, tem dois aspectos, um inferior e um superior, e este último pode servir de ponte de ligação com o nível da intuição e pode servir de ponto de apoio para o nosso Eu Real, a Alma.

Mesmo que o homem não tenha percepção disso, à medida que ele evolui e procura superar os obstáculos internos, no seu caminho para o amadurecimento intelectual, o aspecto inferior e o aspecto superior da mente se aproximam, por assim dizer, começam a comunicar-se um com o outro e esta comunicação produz uma mudança no modo de pensar e de raciocinar do indivíduo.

Antes de mais nada ele começa a sentir maior clareza e limpidez de pensamento, depois começa a sentir uma renovada sede de conhecimento, uma ânsia de pesquisa e de aprofundamento, e se dá conta, com inesperada intuição, dos seus erros e das suas limitações.

Além disso, em sua mente surge um poder novo, uma clareza de julgamento e de raciocínio que o torna capaz de distinguir e de escolher quase que instantaneamente, entre duas coisas opostas, aquela que é a certa.

Nos livros espirituais este poder novo é chamado *discernimento*.

Contudo, a manifestação do discernimento é gradual, pois tal qualidade é potencialmente ínsita na mente do homem, por isso já existe, em embrião, desde o início do processo evolutivo. É preciso muito tempo para que ela se manifeste em toda a sua plenitude e se torne límpida e clara.

A palavra discernimento (que vem do latim *cernere*) significa faculdade de escolher, de distinguir, de selecionar, de discriminar.

De fato, o aspecto mais elevado do discernimento é o poder da mente de discriminar entre o Real e o irreal, entre o Ser e o não-ser, entre aquilo que é eterno e imperecível e aquilo que é efêmero e ilusório.

Este aspecto é, num certo sentido, a manifestação da intuição na mente concreta.

Contudo, antes de chegar a este aspecto mais elevado, o discernimento passa através de várias fases e se manifesta, conforme já dissemos, como uma faculdade de escolha certa e justa, em diversos níveis.

No *Tratado de Magia Branca*, de A. A. Bailey, está

escrito que existem três graus de conhecimento, ou seja:
1) conhecimento teórico
2) conhecimento discriminativo
3) conhecimento intuitivo

O primeiro é aquele conhecimento que adquirimos tendo como base as afirmações dos outros homens, e que, portanto, está fundamentado na autoridade. Tem-se este gênero de conhecimento quando a mente ainda não desenvolveu o poder do pensamento autônomo e livre.

O segundo é aquele que surge quando começa a manifestar-se na mente a qualidade do discernimento (ou discriminação), por meio da qual o homem sabe avaliar inteligentemente as verdades que venham a lhe ser apresentadas, sabe selecionar as coisas verdadeiras e justas entre aquelas menos verdadeiras ou não essenciais, que sabe apontar, por assim dizer, "o filão de ouro" entre os metais grosseiros. O conhecimento discriminativo é aquele que se conquista quando se sabe usar a razão e o pensamento correto, e quando se está livre de preconceitos, de fanatismos e de dogmatismos.

O terceiro é o tipo do conhecimento superior que se manifesta quando se desenvolve, no homem, a intuição, que é a percepção direta e imediata (da mente) das idéias, da verdade, das leis universais.

O discernimento, portanto, é uma qualidade mental importantíssima e essencial porque, na realidade, é aquela que ajuda o homem a alcançar a verdadeira maturidade intelectual e o uso sábio e reto do intelecto.

Para concluir esta breve lição nós nos perguntamos: como se manifesta, pois, a maturidade mental?

A maturidade mental se manifesta com a capacidade de "pensar" realmente, com a mente liberta dos obstáculos emocionais e instintivos e das influências provenientes do exterior e, além disso, com a faculdade de usar corretamente o pensamento, de maneira aberta, elástica, objetiva, compreensiva e sábia, como instrumento de conhecimento tanto voltado para o mundo objetivo quanto para o mundo subjetivo.

Isto faz pensar que a maturidade mental, do mesmo modo que a afetiva, também não é um objetivo que se possa alcançar se ainda não se conseguiu chegar a um certo grau de desenvolvimento da personalidade inteiro, porque o indivíduo é um conjunto de qualidades interdependentes e a maturidade de uma função psíquica ajuda e favorece a maturidade das outras funções.

Se não se está afetivamente amadurecido não se pode alcançar a maturidade mental, e também não se pode conquistar a maturidade afetiva se a nossa mente não estiver realmente amadurecida.

Pois que o próprio amor é conexo com o conhecimento, e o conhecimento com o amor.

VI

A MATURIDADE SOCIAL

A passagem do egocentrismo para o comportamento social deve vir através de um processo natural de desenvolvimento e de expansão na infância, quando a criança, saindo do círculo protetor da família, entra em contato com o ambiente escolar, com os colegas e com os professores. De fato, além de falar da idade afetiva e da idade mental, os educadores também falam da "idade social", que é justamente aquela que deverá manifestar-se no momento em que a criança entra na escola.

Se a criança é normal, manifesta-se nela um espontâneo sentimento social e ela se insere sem conflito na coletividade, tomando parte na vida em comum com seus coevos, e interessando-se por eles começa a desenvolver a capacidade de união e de comunicação.

Se, ao contrário, ela tem um caráter difícil, excessivamente introvertido, se tem conflitos inconscientes ou problemas emotivos não solucionados, que se formaram no ambiente familiar, esta inserção no ambiente escolar não virá acontecer de maneira fácil e talvez nem mesmo possa ser feita, e a criança cresce e se torna um adulto sem haver desenvolvido o sentimento social normal e sem haver conseguido realizar a necessária adaptação ao ambiente, preparando-se assim o terreno para futuros distúrbios psíquicos, dificuldades e desequilíbrios de maior ou menor gravidade.

Uma adaptação social sadia e harmônica é, de fato, indispensável à saúde psíquica do indivíduo e ao seu equilíbrio intelectual, afetivo e moral.

Adler dá grande ênfase a este problema, pois ele diz que existe, no homem, uma exigência inata de sociabilidade, premente e vital como uma força instintiva, que se não é satisfeita poderá ser uma causa direta de neurose; além disso, ele identifica a neurose em geral como "a atitude contrária ao sentimento social e incompatível com a adaptação ao ambiente".

Também Pierre Janet fala de um profundo e angustioso "sentimento de incompletação" que se forma no homem quando há uma adaptação defeituosa à coletividade e que pode gerar conflitos, interesses e sofrimentos muito graves.

Todavia, acontece que muitas pessoas adultas não conseguem alcançar esta maturidade social tão necessária, porque ainda estão apegadas ao estado infantil do egocentrismo e do narcisismo egoístico ou porque são guiadas por um individualismo excessivo e pensam que "adaptar-se à sociedade" significa ter que renunciar à própria liberdade interior e cair no conformismo e na falsidade.

De fato, não são poucos aqueles que pensam que há um conflito entre o desenvolvimento individual e o desenvolvimento em conexão com a coletividade, mas este conflito, mesmo que exista para muitos, é apenas temporário e pode ser superado quando se manifesta a verdadeira "maturidade social", que não nasce de um compromisso entre o próprio indivíduo e a sociedade, mas, de um genuíno e profundo senso "dos relacionamentos humanos corretos".

Há uma profunda verdade nas seguintes palavras de Harry Overstrett:

"O homem é um ser que vive de relacionamentos e por meio de relacionamentos, e se torna ele mesmo através de ligações com aquilo que é diferente dele."

Sempre deveríamos ter em mente que não estamos sozinhos, mas que temos relacionamentos e vínculos de interdependência e de responsabilidade com um número infinito de pessoas, e que estamos unidos por numerosos fios, invisíveis porém reais, com os nossos semelhantes; vivemos em um mundo de influências recíprocas, mesmo que nem sempre tenhamos percepção disso.

O homem, portanto, deve auto-realizar-se, individualizar-se, isto é, desenvolver-se segundo as suas exigências e qualidades individuais, mas também deve saber inserir-se na sociedade e criar, para si mesmo, "relacionamentos certos" com os outros.

Realmente, isto no início é muito difícil e muitas vezes não conseguimos evitar que se crie em nós um contraste entre aquilo que realmente somos, ou que queremos ser, e aquilo que devemos aparentar exteriormente a fim de nos amoldarmos às exigências sociais e coletivas. Algumas vezes não sabendo como resolver este contraste, somos constrangidos a recorrer a um compromisso e criamos, para nós mesmos, uma "personalidade social" que não corresponde plenamente à nossa individualidade.

Esta personalidade social é aquilo que Jung chama de

"persona" (isto é, máscara, segundo o significado latino).

"O processo de civilização induz o ser humano a um compromisso entre ele próprio e a sociedade, e à formação de uma máscara atrás da qual a maioria das pessoas se refugia. Jung chama esta máscara de "persona"...

A "persona", portanto, é um fenômeno social, um lado do prisma que poderia pertencer, com a mesma propriedade, a qualquer outro indivíduo..." (Frieda Fordham: "Introdução a Jung", pag. 60)

Este compromisso, todavia, por estar baseado numa "falsa" adaptação à sociedade, é inevitável e também útil durante um certo período evolutivo, porque permite que o indivíduo possa inserir-se no ambiente e estabelecer relações com os outros, mas chega o momento em que o homem deve libertar-se desta máscara e alcançar uma adaptação autêntica por meio de uma conciliação sadia das duas exigências, aquela do desenvolvimento individual e aquela do sentimento social, manifestando um real e genuíno senso de relacionamentos humanos corretos.

Isto só pode acontecer depois que o homem soube criar "relacionamentos corretos dentro de si mesmo", isto é, quando harmonizou os vários aspectos da sua personalidade e encontrou a si mesmo.

De fato, diz Assagioli: *"Se uma pessoa tem um conflito dentro de si mesma... não pode criar um relacionamento harmônico com os outros... porque tendemos a projetar sobre os outros tanto os nossos conflitos quanto as nossas tendências agressivas e combativas."*

Há uma misteriosa conexão entre estas duas exigências

inatas no homem, pois elas são interdependentes e estão intimamente ligadas. De fato, se é verdade que o indivíduo não pode efetuar uma adaptação sadia ao ambiente, se primeiro ele próprio não se realizou, também é verdade que para realizar-se ele deve saber relacionar-se com seus semelhantes.

Esta verdade foi admiravelmente intuída também por Martin Buber, que atribui uma importância vital e fundamental do relacionamento "Eu" — "Tu", inclusive para o desenvolvimento espiritual do indivíduo. "O espírito (diz ele) não está no Eu, mas entre o Eu e o Tu... É somente por sua força de relacionamento que o homem pode viver no espírito."

Este relacionamento "Eu" — "Tu", forma-se por meio do verdadeiro e autêntico "diálogo" entre duas pessoas, isto é, de uma compreensão mútua, completa, que permite um colóquio genuíno, no qual as duas personalidades se abrem, se expandem em plena liberdade e se aventuram mutuamente.

De fato, o homem que está plenamente integrado e que realizou a consciência da sua verdadeira individualidade é espontaneamente impelido a associar-se aos outros e tem a capacidade de "comunicar", isto é, de estabelecer um diálogo real e autêntico com os seus semelhantes.

O egocentrismo, a auto-afirmação, a agressividade, a separatividade, não fazem parte, realmente, da verdadeira natureza do homem, mas fazem parte daquela personalidade epidérmica e falsa que ele, quando ainda não encontrou a harmonia e a síntese dentro de si, erroneamente acredita ser o seu Eu.

O amor pelos outros, o senso de fraternidade e de unidade são frutos do comportamento natural e espontâneo dos indivíduos que encontraram o centro de si mesmos.

"*A solidão (como diz Assagioli) é um estágio, uma condição subjetiva temporária. Ela pode e deve ser alternada e, finalmente, substituída pela genuína e vital experiência da comunicação interpessoal e interindividual, pelas ligações recíprocas, pela cooperação entre os indivíduos, entre os grupos, e finalmente pela fusão por meio da intuição, da empatia, da compreensão e da identificação.*"

Por tudo o que temos exposto até agora, podemos deduzir que existe uma pseudo-adaptação social, útil porém não autêntica, fundamentada num compromisso, e que existe uma adaptação verdadeira que é baseada em relacionamentos humanos corretos e que nasce de uma real e autêntica maturidade social, que nos permite viver uma vida harmônica e eficiente no meio da coletividade, sem todavia impedir o livre desenvolvimento da nossa individualidade, até mesmo favorecendo-o e enriquecendo-o.

É certo que a conquista da maturidade social, como a do amadurecimento psíquico, que examinamos na lição anterior, pressupõe o desenvolvimento de certas qualidades e de certas sensibilidades e a ascensão a um certo grau de evolução. Contudo, é a própria vida que nos encaminha gradualmente para esta meta, porque ela se move em direção à "totalidade dos vínculos", de maneira lenta porém segura, impelida por uma onda evolutiva que nada e ninguém pode deter.

Quais são, portanto, estas qualidades que devemos desenvolver para podermos estabelecer os relacionamentos humanos justos e corretos e para podermos dizer que estamos realmente "amadurecidos" no sentido social?
Elas são as seguintes:
1) Compreensão
2) Responsabilidade
3) Empatia
4) Cooperação
5) Capacidade de comunicação
6) Inocuidade
7) Amor

Não posso fazer uma pausa para falar detalhadamente sobre qualquer uma destas qualidades, mas apenas direi que a primeira e a última da lista, ou seja, a compreensão e o amor, são, na realidade, as duas colunas, por assim dizer, que sustentam e vitalizam todas as outras.

De fato, o que é a compreensão?

É o interesse vivo e sincero pelos outros, pelos problemas alheios, que nos impele a querer penetrar "no coração do irmão".

É o desejo de conhecer o "por que" do comportamento dos outros, desejo este aliado a uma amorosa tolerância que tudo perdoa porque vê os motivos reais que estão por trás das aparências.

É "luz intelectual plena de amor", porque na verdadeira compreensão unem-se o coração e a mente, o conhecimento e a sensibilidade.

O amor, pois, está em último lugar na lista porque

constitui a coroação do desenvolvimento do homem em direção ao senso de sociabilidade. Amor que não é aquele sentimento pessoal, possessivo e emotivo, que geralmente associamos a este termo, mas que é aquele profundo senso de união, de fraternidade, de altruísmo que (conforme diz Assagioli) seria melhor chamar *agapeè*.

Este amor unitivo e altruístico não constitui uma meta inatingível. Ele está muitíssimo próximo de nós porque faz parte da nossa natureza humana e da nossa essência mais íntima e verdadeira.

Isto é demonstrado pelo fato de que a serenidade, a felicidade, a saúde psíquica e o equilíbrio do homem podem ser alcançados através da expressão desta necessidade, vital e inata, de dar e receber amor, de comunicar-se e de sentir-se unido aos outros seres e ao Cosmos.

O homem tem a revelação desta verdade quando ele consegue superar a barreira do seu egoísmo absurdo, da sua ilusória separatividade, e alcança a maturidade social, o senso de "pertencer" à humanidade e a capacidade de união e de cooperação ativa e fecunda com os outros.

Agrada-me encerrar esta lição com as belas palavras do poeta John Donn que, com rara eficiência, expressa este senso de integração:

"Nenhum homem é uma ilha que se sustenta por si mesma; todo o homem é uma parte do continente, uma parte do todo; se o mar arranca da terra um pequeno torrão, a Europa é diminuída, nem mais nem menos do que se lhe fosse arrancado um promontório...

A morte de um homem, seja ele quem for, também

me diminui, porque eu faço parte do gênero humano; por isso, não perguntes mais por quem os sinos dobram; os sinos da morte dobram por ti."

VII

A MATURIDADE MORAL

O que é, realmente, o senso moral? como surge no homem? De onde vem? Todas estas perguntas se apresentam a nossa mente quando procuramos compreender a verdadeira essência da consciência moral, e não é fácil respondê-las. O problema ético, de fato, é um dos mais controvertidos, um dos mais discutidos problemas do homem e, talvez, o mais difícil de ser solucionado.

Desde a antigüidade, filósofos, religiosos e estudiosos em todos os campos preocuparam-se com tal problema, cada um observando-o sob um ângulo visual diferente, de conformidade com o seu próprio temperamento, com a sua própria religião e, sobretudo, de conformidade com o nível de maturidade alcançado. De fato, a sensibilidade moral de um indivíduo é um elemento muito importante e significativo para o julgamento do seu grau de evolução, porque ela não é estática mas está em contínuo crescimento e desenvolvimento e vai-se aguçando e aprofundando sempre cada vez mais, como se devesse desenvolver uma maturação sua para alcançar a completação.

Neste ponto, antes de passarmos adiante, é necessário dizer que há duas opiniões fundamentais com referência à origem do senso moral.

A primeira, que é seguida sobretudo por algumas correntes psicanalíticas, diz que a consciência moral é uma estrutura artificial e que as éticas imperativas são apenas os produtos da ação das normas, dos ensinamentos que vêm da sociedade, da religião, dos pais. Tal consciência ética, cujo surgimento se deve às influências externas, pouco a pouco se torna inconsciente, gerando temores, freio e inibições de cujas origens não temos percepção.

A segunda, ao contrário, apoiada por numerosos estudiosos, filósofos e psicólogos de mente mais ampla e intuitiva, muito embora admita que exista, no homem, esta consciência moral artificial, afirma que há em nós um senso ético inato, ainda que latente, que provém da nossa natureza mais elevada e mais verdadeira, o Eu espiritual, que tem o conhecimento da realidade e dos valores verdadeiros e que tem, acima de tudo, o senso de Fraternidade e de Amor por todos os homens.

Eis por que a consciência moral de um indivíduo não é estática, mas se refina e se aperfeiçoa cada vez mais, conforme ele realiza a sua essência espiritual.

Na verdade, ambas as opiniões são exatas: há em nós um senso moral não autêntico, produzido unicamente pelas normas e vetos impostos desde a infância pelo mundo exterior e que nós acolhemos e passamos a considerar propriedade nossa, mas também há um senso moral mais verdadeiro e mais elevado, que, todavia, deve ser evocado e deve amadurecer pouco a pouco até manifestar-se em toda a sua plenitude.

Bergson intuiu admiravelmente esta verdade. De fato ele distingue entre a moral estática e a moral dinâmica. A moral estática, diz ele, compreende os deveres cujo caráter obrigatório se deve à pressão da sociedade sobre o indivíduo, enquanto a moral dinâmica é baseada no amor e "se identifica com o impulso que distingue alguns indivíduos privilegiados, instigando-os a se dedicarem a obras de amor e de ilimitada caridade em prol de toda a humanidade". Esta moral dinâmica, continua Bergson, "não conhece limites, está além de todas as fórmulas e ultrapassa todas as leis e toda a rigidez".

Portanto, podemos dizer que quanto mais o homem se realiza a si mesmo mais adquire o senso da moral verdadeira e autêntica, que provém da sua natureza espiritual e que tem como fase o amor e a fraternidade.

O senso moral, então, é uma manifestação do Espírito na personalidade, é algo que se desenvolve gradativamente e que primeiro se confunde e quase se identifica com as normas e regras impostas pelo exterior, e depois as supera e amplia, com uma visão mais profunda da vida e com um impulso de adesão total aos valores supremos.

Todavia, se observarmos a humanidade tomada em conjunto, perceberemos que são bem poucos aqueles que alcançaram uma maturidade moral própria e verdadeira, e que, se não fossem as normas impostas pela sociedade e pela religião, muitos se entregariam à desordem e à vida instintiva desenfreada.

No seu caminho da infância para a maturidade, acontece com a humanidade inteira aquilo mesmo que acontece com o indivíduo isolado. Há, de fato, uma infância da humanidade, assim como há uma infância do homem.

Como já foi observado pelos psicólogos e pelos

educadores, a criança é, de modo geral, um ser amoral, instintivo e espontaneísta, que não sabe distinguir entre o bem e o mal, que não sabe refrear os seus impulsos e que não tem nem o senso de responsabilidade e nem o senso de dever para com os seus semelhantes.

Se primeiro os pais e depois os professores não ensinassem à criança o autocontrole, a distinção entre aquilo que é bom e o que é mau, o respeito pela personalidade dos outros, ela talvez continuasse sendo um "perverso polimorfo", segundo a definição excessivamente pessimista, que Freud dá à criança.

Não obstante, também nas crianças e nos primitivos há um pequeno clarão, uma semente da qual depois nascerá o senso moral. Este vislumbre é o senso de justiça que existe no homem desde a primeira infância. De fato, se a observarmos atentamente, em todas as suas manifestações, percebemos que a criança sente, instintivamente, se é tratada de maneira justa ou injusta e sabe avaliar, com intuição imediata, qualquer sombra de injustiça, por mais leve que seja.

Mesmo que possa parecer uma coisa insignificante, este senso de justiça é, ao contrário, a semente da qual, com o tempo, a verdadeira consciência moral poderá florescer.

No seu caminho para a maturidade moral e para a realização da consciência ética autêntica, o homem passa por várias fases.

A primeira é aquela da infância, que já mencionamos e que é caracterizada por um espontaneísmo amoral.

Conforme também já dissemos, ela acontece tanto na infância do indivíduo isolado quanto na infância da humanidade, acompanhando o grau evolutivo.

A segunda fase é aquela na qual, por efeito da educação, do exemplo das pessoas que a rodeiam e do ambiente, a criança recebe aqueles ensinamentos e aqueles estímulos que em parte podem evocar a sua moralidade latente e em parte podem ser condicionantes e inibidores. Estes últimos mais tarde se revelarão na forma de temores, preconceitos ou tabus, ou diretamente como um complexo de culpa quando há qualquer conflito não solucionado.

Não posso agora deter-me sobre tal complexo, pois com referência a isso haveria muito que dizer. Muitos estudiosos afirmam, de modo direto, que a humanidade inteira sofre de um angustioso e profundo sentimento de culpa, radicado no inconsciente. E isso deriva do fato (dizem eles) de que o homem está, por sua própria natureza, condenado a viver em perene conflito consigo mesmo, porque nele convergem os opostos do Espírito e da matéria, do bem e do mal, da razão e do instinto, ou seja (conforme diz Jung), do inconsciente, que é a insaciável sede de vida e de experiência, e da consciência, que tende para a superação da natureza instintiva e para metas cada vez mais espirituais.

Há muito de verdade nestas considerações: de fato, é muito raro que haja um desenvolvimento sadio e harmônico do senso moral e o homem passa por muitos conflitos e inúmeras crises antes de alcançar a consciência ética autêntica.

A terceira fase ajusta-se precisamente com este período crítico do desenvolvimento do homem, durante o qual ele sente o impulso de superar o moralismo restrito e falso, que se formou nele por efeito das normas e dos temores impostos pelo mundo exterior, mas ainda não tem uma visão clara do que seja a verdadeira ética.

Esta fase é muito difícil e também pode ser muito dolorosa porque o homem se sente continuamente dilacerado pelas duas tendências opostas. Tudo aquilo que até então havia sido uma regra, um modo de comportar-se e de julgar, parece vacilar; todavia, representa o caminho seguro e fácil, que não requer decisão e nem escolha individual e que por isso mesmo até agora o mantém, num certo sentido, amarrado. Contudo, o impulso interior de ampliar a visão da vida, de tomar consciência dos valores superiores, de apurar a sensibilidade ética, de aumentar a compreensão e o senso de responsabilidade é de tal modo forte que ele não pode sufocá-lo e ignorá-lo. E assim ele luta e sofre, caindo freqüentemente em erros e enveredando por caminhos enganosos enquanto não emerge nele a luz da consciência moral autêntica e verdadeira.

Desse modo, passa-se para a quarta fase, que é aquela do despertar do senso ético profundo, que nasce, como uma conseqüência natural e lógica, da consciência do nosso verdadeiro Ser e que, conforme já dissemos, está baseado principalmente no Amor altruístico, na inocuidade e nos relacionamentos humanos corretos.

Depois de haver refletido e meditado seriamente, todos nós deveríamos procurar perceber qual é a fase que está sendo atravessada com respeito ao desenvolvimento da nossa consciência moral.

Por certo não é fácil chegar a uma conclusão segura porque nós todos ainda estamos, inconscientemente, muito condicionados e influenciados pelas normas, pelas regras que nos foram impostas pelo mundo exterior e que até então foram o caminho seguro a percorrer cega e passivamente.

Todavia, devemos ter em mente que tais normas e regras não devem ser destruídas. Isto seria errado e perigoso. Trata-se de tomar consciência, no sentido mais verdadeiro e mais profundo desta palavra, daquilo que está por trás delas e ser capaz de criar, para nós mesmos, outras mais elevadas, mais verdadeiras, que correspondam a uma ética de Amor e de Justiça e que talvez venham pôr à prova toda a nossa capacidade de sacrifício, de dedicação, de abnegação, num perene ímpeto na direção daquilo que é verdadeiro e sagrado.

De fato, o homem maduro não apenas sabe distinguir, por intuição natural, aquilo que é bom e aquilo que é mau, mas também aquilo que é *melhor.*

A sua sensibilidade ética torna-se mais sutil e mais profunda, vai além da moral imposta pela lei do país em que vive e é "criativa", isto é, admiravelmente e intuitivamente adaptada a circunstâncias, pessoas e problemas diversos. Além disso, embora sendo aparentemente mutável é, ao contrário, sólida e imutável, porque obedece à lei superior e absoluta da justiça e do amor.

O homem moralmente maduro não rejeita as normas

e as regras da ética comum, porém coloca-as sempre em confronto com as leis mais elevadas, mais completas e mais difíceis, da moral do Espírito; que podem ser percebidas e seguidas somente por aqueles poucos que têm o sublime e silencioso heroísmo daqueles que vivem em conformidade com o seu Ser mais elevado e já estão despertos para a consciência da verdadeira tarefa do homem.

VIII

A MATURIDADE RELIGIOSA

O conceito de maturidade religiosa talvez possa parecer novo para qualquer um, todavia, se pararmos um pouco para refletir sobre a essência do sentimento religioso e sobre o seu modo de manifestar-se, veremos que ele é, realmente, alguma coisa que tem um desenvolvimento gradual, um aprofundamento progressivo e, finalmente, um amadurecimento.

O homem, como diz Jung, possui uma espécie de "função religiosa natural" e a sua saúde física, e também a sua estabilidade emotiva, estão ligadas a uma expressão adequada desta função. Há em nós, de fato, uma "ânsia de absoluto", que se não é satisfeita leva à angústia, ao sentimento de vazio e de inutilidade, a todo aquele conjunto de perturbações e indisposições que constituem um dos tormentos mais profundos da nossa alma.

Todavia, este senso religioso natural e inato, no início é inconsciente e latente, e precisa ser despertado para poder crescer e vir a expressar-se, e isto acontece lenta e gradualmente, seja no que concerne ao processo evolutivo individual, seja no que concerne ao progresso da humanidade considerada como um todo.

De fato, se lançássemos um rápido olhar à história do desenvolvimento do conceito de religião, veríamos que, na realidade, teríamos que chegar ao pensamento moderno para encontrar uma compreensão verdadeira do significado profundo da religião, independentemente da sua forma exterior. Somente na escola platônica é que encontramos uma noção filosófica da religião. De fato, para Platão o objetivo final da religião é a assimilação gradual do homem a Deus, baseada na unidade de essência entre a alma humana e a Divindade. Este conceito, que domina toda a filosofia antiga, parece perder-se nas épocas que se sucederam e somente na metade do ano 1700, com Lessing, outra vez os pensadores recomeçam a fazer um esforço para compreender o verdadeiro significado do fenômeno religioso, que é algo que nasce do íntimo do homem, é uma necessidade inata de uma ligação com o supra-sensível que atesta, como diz Hegel, que "o espírito finito sabe que a sua essência é a mesma do Espírito Absoluto".

Hoje, não apenas os filósofos mas também os psicólogos afirmam, conforme já dissemos, que o senso religioso do homem é uma função natural, uma exigência profunda, potente e urgente como o instinto, e como o instinto ela também tem necessidade de ser expressada e satisfeita.

O homem, porém, durante muito tempo não lhe reconhece a verdadeira essência, porém o deforma, confunde-o com os seus temores, com as suas superstições, com a sua necessidade de orientação e de conforto.

Vemos, de fato, que o senso religioso, tanto individual quanto coletivo, manifesta-se segundo um processo de gradualidade, de forma diversa, que corresponde ao grau evolutivo alcançado.

A religião dos primitivos, dos homens de pouca evolução, de fato é aquela que Harry Overstrett chama de "religião-tabu" no seu livro *A mente madura*. Ela é fundamentada no conceito de um Deus que é um juiz severo e pronto para castigar e condenar, que proíbe e ordena. Um Deus que se revela através dos inexplicáveis e aterrorizantes fenômenos da natureza, através das doenças, da fome, da dor e da morte.

Esta religião está baseada no medo e diante dela o homem, ainda imaturo, é como uma criança que ainda não sabe explicar, para si mesmo, os mistérios da vida, que não sabe pensar com a própria cabeça e que se inclina passivamente diante de uma ordem superior que não compreende.

É esta a forma de religião dos seres primitivos, da qual também fala Einstein, que distingue três graus de religiosidade:

1) a religiosidade fundamentada no medo
2) a religiosidade fundamentada no sentimento social
3) a religiosidade cósmica

Do primeiro grau já falamos.

O segundo estágio é aquele no qual começam a desenvolver-se os sentimentos sociais e morais e a necessidade de orientação, de proteção e de auxílio. Agora surge a idéia de um Deus-Providência, que consola, que conforta e que também castiga, mas sempre para o bem do homem.

Ainda segundo Einstein, a passagem da religião-terror para a social marca um passo importante na vida da humanidade, porque revela a aspiração ardente, que existe no homem, seja de estabelecer ligações certas com seus semelhantes, desenvolvendo o senso de responsabilidade, de justiça e de fraternidade, seja a necessidade de ser guiado e auxiliado por um Ser superior. Esta é, portanto, uma forma de religião que está baseada num lado nobre e altruísta do homem.

Todavia, em ambos estes graus de religiosidade, embora assim tão diferentes, está conservada a idéia de um Deus antropomorfo.

Somente quando se desenvolve o senso de religiosidade cósmica é que o homem se eleva acima dos conceitos humanos e limitados e começa a intuir a verdadeira essência do divino, que é universal, infinito e sem forma.

Para poder chegar a este senso cósmico de religião é preciso que a intuição já tenha sido desenvolvida, porque a mente concreta não pode conceber uma tal forma de religiosidade "que não conhece dogmas e nem Deuses antropomorfos, e que é ilimitada, ampla e absoluta, além de qualquer idéia humana".

Nas religiões orientais freqüentemente encontramos esta idéia de um Deus infinito, sem forma, que tudo impregna e do qual tudo procede.

Ele é chamado "Aquele do qual nada se pode dizer", justamente porque nenhuma palavra humana pode defini-Lo ou descrevê-Lo.

Todavia, à medida que o homem evolui, amadurece e apura o seu senso religioso, ocorre um fato peculiar: conforme a idéia de Deus vai assumindo um caráter cada vez mais abstrato, sem forma e indefinível, longe de se tornar distante e inatingível ela se torna cada vez mais próxima, mais tangível e mais viva, porque começa a desenvolver-se, no homem, a consciência de ser parte da vida divina, começa a desenvolver-se a intuição da imanência de Deus no seu coração.

É estranho, mas naquele período evolutivo no qual o homem tinha idéia de um Deus antropomórfico, ele se sentia infinitamente distante Dele, separado e, num certo sentido, quase alienígena. Ao contrário, conforme a Divindade pouco a pouco vai assumindo um aspecto universal, cósmico e abstrato, ela se torna cada vez mais próxima do homem. Torna-se uma presença íntima e subjetiva; tanto que a experiência mística e intuitiva de Deus revela que a Divindade está "dentro de nós".

Esta é, possivelmente, a experiência mais sublime, maravilhosa e perturbadora que o homem pode ter e dá a ele o senso de íntima comunhão com Deus, a identificação completa com o Supremo.

Então, o senso religioso assume a sua expressão mais alta porque se transforma em participação viva, consciente e ativa, na Vida Única, e dá a faculdade de ver, além das formas, além dos ritos e das fórmulas religiosas, uma única origem, uma única realidade.

Tudo adquire um novo significado e torna-se possível compreender como as religiões através dos tempos — nas suas formas mais variadas, desde as mais primitivas até as mais elevadas — e como as várias mensagens dos fundadores das religiões não foram outra coisa mais do que sucessivas revelações de uma única realidade que se manifesta ciclicamente sob vários aspectos.

Além da multiplicidade das crenças, além das

concepções religiosas e das interpretações teológicas, está a Unidade.

Quando se chega a compreender isto, cai por terra todo o dogmatismo, todo o fanatismo e se adquire a capacidade de ver a verdade, sob qualquer símbolo e qualquer dogma, e de perceber a corrente espiritual, pura e autêntica, que está além de qualquer cerimonial, de qualquer rito aparentemente incompreensível.

Esta é a verdadeira maturidade religiosa e bem se pode compreender como, para poder alcançá-la é preciso ter realizado um longo e gradual amadurecimento, ter atingido o desenvolvimento da intuição, a sensibilidade mística, a superação das cristalizações, dos dogmatismos, dos preconceitos religiosos, dos fanatismos e das limitações mentais.

Então o homem não é apenas religioso no sentido comum da palavra, mas torna-se "espiritual".

De fato, ser "espiritual" é alguma coisa mais do que ser unicamente "religioso", porque não somente significa crer numa ordem superior de coisas, numa realidade suprema, mas também significa procurar realizar em si mesmo, *viver* aquilo em que se crê e, pouco a pouco, transformar a natureza inferior naquilo para o que ela foi criada; um veículo para a energia divina.

A religiosidade, então, não é apenas uma atitude do coração e da mente, mas também é a participação ativa da vontade.

Ser "espiritual" significa procurar tornar-se cada vez mais consciente da divindade imanente e depois reconhecê-la não apenas em si mesmo, mas também nos outros. Também se desenvolve o amor pelos próprios semelhantes, o amor pela criatura além do amor pelo Criador, e a religião se transforma na realização viva do seu significado mais verdadeiro de "ciência das uniões", seja em sentido vertical, com Deus, seja em sentido horizontal, com a humanidade.

IX

AS CRISES DE MATURAÇÃO

Nas lições anteriores falamos de "maturidade afetiva", de "maturidade mental", de "maturidade social", etc., examinando tanto os vários aspectos da personalidade quanto as várias manifestações do homem, do ponto de vista do grau de maturação atingido por eles.

De tudo quanto foi dito emerge, bem claro, o fato de que, na realidade, a verdadeira maturidade, sob qualquer aspecto, é dada pela capacidade de saber exprimir as qualidades da parte mais nobre, mais elevada, mais real de nós mesmos: o Eu espiritual.

Eis por que dissemos que quanto mais o homem se realiza a si mesmo mais sabe manifestar a maturidade em todas as suas expressões.

Amadurecer também quer dizer "auto-realizar-se", e esta é a meta para a qual tende o impulso de progredir, de evoluir, de crescer, ínsito em todo homem.

Todavia, o caminho para tal meta é lento e gradual e não está livre de dificuldades, de lutas e de conflitos, porque o homem, no início, não tem percepção deste impulso de progredir, está mergulhado na ignorância e na inconsciência, e sem saber disso opõe-se ao impulso ascensional.

Talvez seja esta a razão por que todo crescimento, todo amadurecimento (conforme já tínhamos dito) é precedido por uma crise.

Esta é uma lei verdadeira e peculiar, que age não

apenas em sentido biológico, mas também em sentido psicológico e espiritual.

Assim sendo, podemos afirmar que o homem progride por meio de sucessivos momentos de crise.

Também é da máxima utilidade fazer uma pausa para analisar o verdadeiro sentido do termo "crise", e em seguida refletir e meditar sobre eventuais crises ocorridas em nossa vida, para que elas nos tragam ensinamentos e para transformá-las em instrumentos de evolução.

Antes de mais nada vemos que a palavra "crise" vem do grego *crino,* que quer dizer "separar", "distinguir", "dividir", portanto, também pode exprimir e significar: ponto de separação, ponto de divisão, ponto de mudança de direção.

No dicionário Webster a palavra crise é assim definida:

"Crise é o ponto, no tempo, no qual se decide se um negócio ou um curso de ação deve continuar, deve ser modificado ou então deve terminar. É uma modificação decisiva, um ponto de mudança de direção, um estado de coisas no qual é iminente uma mudança decisiva, num ou noutro sentido."

A crise é, pois, a manifestação mais ou menos intensa de um conflito interno entre duas tendências: a do passado e a do futuro. É a apresentação de alguma coisa nova, de uma ocasião de progresso, de amadurecimento, que não reconhecemos ou não queremos reconhecer de imediato.

Isto acontece porque, como já tivemos ocasião de dizer, no homem existem duas tendências opostas: a da adaptação, do equilíbrio, e a da evolução, do progresso.

Todo impulso para o amadurecimento e o crescimento vem perturbar um ponto de equilíbrio, muitas vezes penosamente conquistado, e cria um conflito entre a força progressiva e a tendência à estabilidade.

Assim, pois, a crise primeiramente é uma tensão entre uma força estática e uma dinâmica, e depois é uma luta que implica, necessariamente, numa separação, numa mudança de direção, numa superação e, por fim, num reconhecimento de algo de novo, de diferente, de mais amplo.

Devemos recordar que a maturação interior é um verdadeiro e próprio "crescimento" subjetivo, é o desenvolvimento gradual da consciência. Tal crescimento acontece independentemente do desenvolvimento biológico do indivíduo que se desenrola no tempo. Contudo, o desenvolvimento biológico também tem as suas crises, que são de caráter geral. Há, por exemplo, a crise da adolescência, a crise da maturidade, a crise da velhice, etc., que podem trazer indisposições e perturbações não somente fisiológicas mas também psíquicas. As crises do desenvolvimento interior, porém, são bem mais importantes e significativas, têm um caráter individual e trazem consigo uma problemática particular, que difere de indivíduo para indivíduo.

Todavia, podem ser encontrados pontos comuns a todas as crises de amadurecimento e estes são:

1) todas as crises indicam uma oportunidade de desenvolvimento e de expansão
2) as crises podem ser conscientes ou subconscientes
3) as crises conscientes também podem ser precedidas por um estado de latência

O desenrolar de uma crise em níveis inconscientes é muito mais freqüente do que se imagina. Num nível consciente o indivíduo apenas tem percepção de uma sensação de mal-estar, de insatisfação, de aridez, que pode ser mais ou menos intensa, de conformidade com a importância e a gravidade das superações e das escolhas implicadas na crise de maturação.

É muito importante dar-se conta de tudo isso porque, não dando importância aos nossos eventuais estados de depressão e de perturbação, aos quais não sabemos atribuir uma causa, poderemos deixar passar despercebida uma ocasião de progresso. De fato, algumas vezes poderá acontecer que o impulso evolutivo — não reconhecido e não atendido — se recolha e o homem torna a cair no seu estado de inércia. Será necessário atendê-lo, pois muito tempo transcorrerá antes que outro impulso se apresente.

Todavia, quando o impulso de crescer é forte, ele não pode ser ignorado e não nos dá paz enquanto não o escutamos.

Umas das crises mais típicas do desenvolvimento interior, e provavelmente uma das mais decisivas da vida humana, porque assinala o início da ascensão consciente, é a crise da passagem do chamado homem "comum" para o nível do homem ideal, ou seja, do homem que procura a verdade e quer progredir.

Numa forma mais ou menos intensa, esta crise se apresenta a todos os indivíduos de evolução média, especialmente no período da metade da vida, quando o desenvolvimento biológico e psíquico da personalidade já foi completado e o homem se encontra em "um ponto morto".

Estudando os problemas e os conflitos de muitos dos seus pacientes de idade madura, Jung soube reconhecer os sintomas exatos desta crise que se manifesta, sobretudo, com uma sensação de vazio e de inutilidade, de depressão e muitas vezes de angústia, e principalmente com uma sensação aguda de insatisfação e de aridez, como se já não houvesse mais nada a esperar, mais ninguém a quem cuidar, mais nada a fazer na vida.

Um estado assim tão penoso só pode ser superado quando se compreender o seu significado oculto e quando se sabe agarrar as indicações escondidas por trás dos sintomas de sofrimento.

O homem maduro deverá dar-se conta de que chegou o momento de abandonar a mediocridade, a cômoda "rotina" da vida cotidiana, os interesses usuais e limitados, e que deve começar a tomar consciência de outros valores, de outros significados e de outras finalidades da vida, diferentes daquelas que interessam a maior parte dos homens.

Todavia, são bem poucos aqueles que sabem aproveitar as oportunidades de progresso oferecidas por estas crises e que sabem tirar delas o real benefício evolutivo, isto porque são poucos aqueles que sabem compreender que, justamente quando se alcançou a maturidade do ponto de vista fisiológico algo começa a emergir das profundezas de nós mesmos e insiste em manifestar-se. Algo de mais profundo, de mais verdadeiro, de mais autêntico, que ainda não tem uma fisionomia bem definida mas que "exige" vir a ser conhecido.

É o primeiro vislumbre do Ser que aflora, é a Voz sem som do Eu espiritual, é uma oportunidade para a autorealização que, num certo ponto da vida, se apresenta a todos os homens mas que nem todos sabem reconhecer.

Crises de desenvolvimento podem esconder-se até mesmo sob os sintomas das chamadas "neuroses", que na realidade não são outra coisa mais do que conflitos, em nível inconsciente, entre tendências opostas.

As neuroses, consideradas sob este ponto de vista, não são alguma coisa completamente negativa, mas sim o sintoma de uma dinamicidade subjetiva, de uma nova fermentação de energia que ainda não sabemos compreender e canalizar mas que poderá levar a um repentino desenvolvimento da consciência, tão logo sejam solucionadas.

Eis por que devemos estar atentos e vigilantes para não deixarmos escapar o significado oculto dos nossos eventuais períodos de depressão e de perturbação que se apresentam sem uma causa aparente.

Em outras palavras, não devemos fugir das crises, mas antes ir ao encontro delas com coragem e com conhecimento consciente, sabendo que elas demonstram que não estamos parados, mas progredindo, amadurecendo em um ou outro aspecto da nossa natureza.

De fato, existem também aquelas crises que não estão ligadas ao amadurecimento de uma ou de outra função da personalidade.

As crises de natureza emotiva denotam que devemos fazer uma ampliação do lado afetivo, superar qualquer apego excessivo, que devemos nos libertar de qualquer ilusão, passar do amor egoístico e possessivo para o amor altruísta e generoso, que caracteriza, como já dissemos, a maturidade afetiva.

Não se alcança tal maturidade sem sofrimento, sem renúncia e superação, e é por essa razão que se apresenta uma crise (ou seja, um conflito) que também poderá prolongar-se por muito tempo antes de ser solucionada.

Quando, ao contrário, as crises são de natureza mental, elas significam que devemos dar cumprimento a alguma ampliação intelectual ou que devemos libertar a nossa mente dos preconceitos, das cristalizações, da rigidez e das idéias restritas e limitadas.

As crises mentais algumas vezes são muito mais difíceis de resolver, porque as convicções, as teorias às quais tínhamos chegado representam, para nós, algo que conseguimos alcançar depois de muito esforço e pesquisa, e é doloroso ter que abandoná-las, ter que admitir que são limitadas, ilusórias ou decididamente erradas.

Contudo, até as convicções mais sólidas, as teorias mais amadas, cedo ou tarde devem ser ampliadas e modificadas, porque ser mentalmente maduro significa ser aberto, estar sempre em movimento rumo a novos conhecimentos, significa evitar a rigidez e as cristalizações que impedem que as luzes da verdade penetrem na mente.

As crises mentais podem trazer muito sofrimento para o homem, pois algumas vezes o ampliamento é necessariamente precedido por destruição, mas tais crises devem ser enfrentadas se queremos progredir.

Contudo, o conhecimento de que o caminho para o amadurecimento está semeado de conflitos e de crises não deve assustar-nos, porque nem sempre a crise é acompanhada pelo sofrimento, mas pode desenrolar-se de maneira serena e calma, sobretudo se o indivíduo que a atravessa tem ciência daquilo que está acontecendo em seu íntimo.

Qualquer um de nós poderá tornar menos penosas as crises de amadurecimento se souber enfrentá-las com conhecimento e sabedoria, sem opor resistência à força evolutiva, sem endurecer-se, mas antes abrindo-se às novas possibilidades e separando-se do passado com serenidade.

Devemos sempre lembrar que a crise é um fato benéfico, é um ponto de mudança de direção, é um crescimento interior. Sofre aquele que se opõe, consciente ou inconscientemente, à força progressiva, aquele que tem qualquer problema não solucionado, que o mantém imobilizado numa situação psicológica do passado.

É preciso saber, porém, que os problemas interiores não são resolvidos, mas superados, e que não é com a luta que se pode gerar o processo liberador. Diz mestre Eckart: "É preciso ser capaz de deixar a Alma agir", isto é, não intervir na crise com a vontade, com o nosso pensamento, mas abandonar-se às forças superiores, numa atitude de aceitação e de confiança. "A luz gira por lei própria, se não se interrompe o seu estado habitual", diz Lao-Tsé, com sabedoria oriental, e com isso indica a verdadeira técnica para favorecer a resolução positiva de uma crise.

De fato, não podemos intervir enquanto uma luta entre duas tendências opostas está em curso, não podemos evitar o período de necessária labutação e conflito. Isto é necessário porque é do atrito entre duas forças que emerge a consciência, mas podemos ajudar o impulso para o amadurecimento assumindo uma atitude interior de abertura e de expectativa. Esta atitude, que aparentemente é passiva e inerte, ao contrário provoca, sem que nos demos conta, uma elevação da consciência e com isso favorece a penetração da força evolutiva.

As crises, portanto, são benéficas e indicam que dentro de nós está havendo amadurecimento e progresso. Elas não são outra coisa senão o sintoma de *"um mal do crescimento* (como diz Teilhard de Chardin), através do qual se expressa em nós, como na angústia de um parto, a lei misteriosa que, desde a química mais humilde até a mais elevada síntese do Espírito, faz com que qualquer progresso em direção a uma unidade maior se traduza e se transmita, todas as vezes, em termos de trabalho e de esforço".

X
RUMO À MATURIDADE E À INTEGRALIDADE

Depois de haver percorrido o longo caminho do amadurecimento gradual dos vários aspectos da personalidade, depois de haver atravessado os conflitos e as crises do processo de crescimento, ainda resta fazer um trabalho indispensável, para que, finalmente, o nosso verdadeiro Ser possa emergir em toda a sua plenitude, como centro de auto-consciência pura perfeitamente realizada. Este trabalho é a integração e a coordenação das várias funções psíquicas que trouxemos para um nível de maturidade, pois sem a harmonia, sem a unidade, o Eu espiritual não pode manifestar-se.

Não devemos esquecer que o homem é, na realidade, *um indivíduo*, isto é, conforme diz a própria palavra ele é uma unidade indivisível, uma síntese de notas, de qualidades e de funções, governadas por um centro de consciência que é o Eu.

É verdade que existem em nós vários aspectos (instintos, emoções, pensamentos, etc.), mas são apenas "funções psicológicas", energia, que o Eu usa para manifestar-se. A substancial realidade de nós mesmos está além e fora da atividade psíquica e só pode emergir depois que a integração, a síntese harmônica de tal atividade, tenha sido efetuada.

Não nos podemos considerar realmente maduros se em nós há falta de harmonia entre as várias funções psicológicas, mesmo se qualquer delas tenha sido desenvolvida.

Devemos ter em mente que a harmonia, a integração, não é um ponto de partida, mas é algo que foi alcançado porque sendo a unidade a nossa realidade mais profunda, ela deve ser redescoberta e reconquistada com a gradual e lenta tomada de consciência daquilo que está por trás do conteúdo psíquico, das reações pessoais, das atividades impulsivas, dos estados emotivos e mentais.

De fato, quando tentamos analisar-nos, para descobrir o nosso verdadeiro ser, no começo vemos apenas a multiplicidade, a variedade de tendências, de qualidades, de energias, muitas vezes até contrastantes entre si, e nos sentimos perdidos e confusos.

Todavia, não devemos perder a coragem porque a multiplicidade que há em nós é sintoma de riqueza interior, é a manifestação poliédrica do Um no plano do relativo, que deve ser recomposta e sintetizada em torno do nosso centro de consciência, numa unidade harmônica e completa.

Mas, como recompor esta unidade?

Como fazer emergir este centro da consciência e descobrir o nosso Eu, o fulcro do nosso ser imutável, inteiro sempre igual na sua substancial realidade?

Entre as várias previsões e sugestões que podem auxiliar nesse sentido, duas são as principais e as mais eficazes:

1) Criar um escopo único, uma meta bem definida;
2) Desenvolver a vontade.

A maior parte dos homens não tem diante de si uma

meta bem clara; procedem ao acaso, seguindo de conformidade com os impulsos do momento, não vivendo realmente os eventos, mas "deixando-se viver" por eles.

Desse modo, oscilam continuamente entre as tendências opostas e permanecem passivos diante das várias energias da sua personalidade. De fato, ora agem impelidos por uma emoção, ora por um instinto, e de vez em quando seguem a razão, muitas vezes criando, em si mesmos, os conflitos internos ou a incapacidade de decidir e de escolher.

Mas, não são essas as coisas que eles querem da vida, embora acreditando saber o que querem, identificando o impulso do desejo ou do instinto, com a vontade do eu, até que tal impulso seja sobrepujado por uma outra tendência, igualmente forte, que o impele numa outra direção.

Para estar **verdadeiramente integrado e unificado é preciso ter em mente, de forma bem clara, aquilo que queremos, qual a verdadeira meta para a qual tendemos, qual o fim que queremos alcançar.**

É inútil acreditar que seja possível atingir a maturidade e a auto-realização sem antes sabermos, realmente, quem somos e o que queremos.

É nesse ponto que se faz presente a segunda sugestão apontada acima, isto é, a necessidade de desenvolver a vontade.

Não pode haver integração, coordenação e síntese sem o desenvolvimento da vontade. Em outras palavras, sem a vontade não podemos criar um objetivo único para nós mesmos, porque, como diz o dr. Assagioli, **num escrito seu sobre a vontade:** "Aquilo que **caracteriza a ação** voluntária e a distingue das outras é, antes de tudo, a visão clara de uma meta a alcançar, de um propósito a realizar."

De fato, quando temos um firme propósito e queremos atingi-lo, mesmo que inconscientemente, focalizamos todas as nossas forças na direção daquele ponto. Todos os aspectos, todas as funções da nossa personalidade se coordenam e se "aliam" para dirigir-se no rumo daquela meta única. Forma-se um acordo, uma colaboração entre as várias energias psíquicas, e todo o nosso ser é sintetizado, torna-se um feixe de força projetado para a frente.

Como é óbvio, quanto mais maduro e evoluído é o indivíduo, mais elevados e desinteressados serão os seus fins, mais puros serão os seus motivos, e então não haverá apenas uma síntese das forças da personalidade, mas também o afluir de uma consciência superior, de uma vontade mais profunda, que provém do nosso Ser espiritual.

Sem a harmonia, sem a integração da personalidade, como dissemos no princípio desta lição, o nosso verdadeiro Eu não pode manifestar-se. Todavia, devemos acrescentar que a personalidade integrada deve ser "oferecida", "dedicada", por assim dizer, ao serviço das forças espirituais, para que tal manifestação da nossa profunda realidade aconteça sem luta, sem conflito, como um fluir natural do interior para o exterior.

O amadurecimento psicológico do homem é, portanto, muito mais do que um crescimento e um desenvolvimento das faculdades pessoais, mas é a preparação do instrumento que deverá servir ao verdadeiro Homem, à centelha divina, latente em nós, para exprimir-se nos planos da manifestação.

Leia também:

GUIA PARA O CONHECIMENTO DE SI MESMO

Angela Maria La Sala Batà

É este um livro que leva em conta a necessidade básica de cada indivíduo conhecer-se a Si mesmo, analisar-se com objetividade, enquanto procura trazer à luz energias ocultas, a fim de que, pouco a pouco, possa revelar a essência íntima de sua natureza, o verdadeiro Eu.

Desejos em conflito, instintos, emoções, pensamentos, sonhos, o inconsciente, tudo é considerado material de trabalho de formação e autoconhecimento.

A Autora se formou no ambiente espiritual da Escola Arcana de Alice A. Bailey e na atmosfera de pesquisa psicológica criada por Roberto Assagioli. Além dos vários trabalhos de Psicologia Espiritual, Angela Maria La Sala Batà muito tem contribuído com ensinamentos esotéricos aplicados à terapia dos desajustamentos psíquicos e das enfermidades nervosas.

No GUIA PARA O CONHECIMENTO DE SI MESMO, que a Editora Pensamento lança no Brasil, tendo em vista apresentar ao leitor de língua portuguesa a obra dessa Autora, de forma clara e didática são traçadas diretrizes pelas quais o estudioso de Psicologia Espiritual poderá atingir o verdadeiro Eu, ou a Alma. A consecução desse objetivo, como diz A. Bailey, o levará a "descobrir a verdade mais profunda e luminosa da existência humana, experimentada, comprovada e vivida por todos os místicos, iluminados e intuitivos, ou seja, que, encontrando-se a Si mesmo, encontra-se Deus".

EDITORA PENSAMENTO